露語初版
『英国恐慌史論』理論編

トゥガン＝バラノフスキー著

三浦 道行訳

時潮社

訳者はじめに

　本書は、トゥガン=バラノフスキー『現代英国における産業恐慌　その原因と国民生活への影響』（サンクトペテルブルク、1894）…日本での略称『英国恐慌史論』…露語初版の理論部分の翻訳である。原文は、かつて京都大学名誉教授故田中真晴先生のご好意により、マイクロフィルムから複写させていただいたものである。付録として、この理論部分に対するブルガコフの批判（抄訳）、および、それに対するトゥガン=バラノフスキーの反批判、また、従来露語版が邦訳されていないことを踏まえ、批判を受けた後の『英国恐慌史論』露語2版以降の関連個所の異同、および露語2版以降の概略がわかる考証などを収めた。

　ソ連が崩壊して、それまで見られなかった諸文献が徐々に見られるようになってはきたことは喜ばしいことである。ソ連時代には、エスエル（社会革命党）やカデット（立憲民主党）といった「革命」時にボルシェビキと対立した政党に連なる学者、特にレーニンと絡む学者の著作はなかなか見られるものではなかったし、今日でもナロードニキ系の資料は探すのに苦労するのが現実である。トゥガン=バラノフスキーの『英国恐慌史論』露語初版はというと、ごく最近インターネット上でようやく公開された。ソ連崩壊後ロシアで復刊された『英国恐慌史論』に付随している参考資料には（初版の序は2版以降に再録されているわけではないから、復刻版の編者は初版を見ているはずなのだが）、初版に関係するものは、序を除いて、何も見いだせなかったことを考えると、喜びひとしおである。時がきたら翻訳だけでもと常々思ってはいたが、そうした事情を見るにつけ、諸論争の出発点の原像、なかんずくトゥガン=バラノフスキーとレーニンの本当の関係もわからないであろうと思われ

たので、すでに仏語版と独語版からの訳本（鍵本博訳と救仁郷繁訳）があるにもかかわらず、本書の翻訳を決意した次第である。

　だが、そうこうしているうちにブルガコフの著書も復刊され、その付録に当時の貴重な論文（ブルガコフ以外の）が多数収録されていたのを見いだした。トゥガン＝バラノフスキーをより深く理解し、レーニン「市場問題への覚え書き」がどの程度のものなのかを真に理解するには必要であろうと考えて、ブルガコフの批判とトゥガン＝バラノフスキーの反批判をそこからとった。そうした経緯の後、本人が露語第2版等で表式をどう処理したかは誰しも関心のあるところと思われたので、関連箇所の異同を明示しておいた。

　本訳書は、田中先生のご好意がなければ存在しないものであり、先生のご存命中に刊行できなかったことを恥とするものである。

　なお、この翻訳は、外語大出でも露文科卒でもなかった訳者のものであり、思わぬ誤訳もあろうかと思われる。また、他の仕事による挫折の繰り返しの果てになったもので、着手から完成まで時間が経過しているので、訳語に不統一があるかもしれない。何かお気づきの点があれば、ご指摘いただければ幸いである。さらに、訳文が多少硬いのは、訳者が長谷部文雄訳『資本論』に慣れ親しんでいるせいかもしれない。その点、了とされたい。

　また、原資料に関していえば、訳者には用益権（利用権）しかなく、所有権はないと思われるので、一切の資料請求には応じられない。先に記したように原文はインターネット上で公開されているので、そちらを参照されたい。なお、法政大学図書館の担当者の方には、さまざまな露語文献の入手で、お世話になりっぱなしである。最後になったが、記して感謝するものである。

　　＊Wikipediaの「トゥガン＝バラノフスキー」からロシア語版のそれに入ると、
　　　最後のほうに著作リストがある。当該箇所をクリックすれば公開された原書
　　　に行き着く。

【凡　例】

- 訳文中の〔　　〕内は、訳者による補足ないし訳注（邦訳等）である。また、付録における〔　　〕も訳者の挿入である。
- 底本とした原書は、巻末にまとめて掲げ、本文中での指示は日本語表記にした。
- トゥガン＝バラノフスキーによる引用文の訳は、彼の引用に従った。彼の引用には、原書ないしその邦訳と若干食い違うものが散見されるが、あえて直さなかった。
- 引用表記には、今の日本では暗黙の統一ルールがあろうが、本訳書では原書の表記を優先した。「ibidem」といった正式であると同時に「古風」とも思われる表記もそのままにした。
- 日本語として多少読みにくいきらいもあるが、原文の「カンマ」や「コロン」、「セミコロン」等は、少なからず句読点に置き換えずそのままにした。その他、文化の差によると思われる表記の違いは、日本式に改めた。
- 注は、原文では洋書にありがちな頁ごとの foot note であるが、出版文化の差異を考慮して、本訳書では一定のまとまりの後にまとめて置いた。
- 《　》でくくられているものは、トゥガン＝バラノフスキーによる強調である。ただし、初版の序は全体が強調されているが、そうしなかった。
- 表式の箇所は、左側・中央・右側と３列配置である（見返しの写真参照）。本来の表式は中央のもので左右のものはそれの解説ないし補足になっている。
- 人名で、「ニコライ―オン」は「ニコライ・ダニエルソン」の、「ヴェ・ヴェ」は「ヴァシリー・ヴォロンツォフ」のペンネームである。

目　次

訳者はじめに ……………………………………………………… 1

凡　例 ……………………………………………………………… 3

『現代英国における産業恐慌　その原因と国民生活への影響』

トゥガン＝バラノフスキー著（サンクトペテルブルク、1894）

原書序 ……………………………………………………………… 9

原書目次 …………………………………………………………… 11

原書のまえがき …………………………………………………… 13

第Ⅱ部　恐慌の理論

第Ⅰ章 ……………………………………………………………… 21

第Ⅱ章 ……………………………………………………………… 81

付録1　ブルガコフ「ロシアの市場理論家（ヴェ・ヴェ氏、ニコライ
…オン氏、トゥガン＝バラノフスキー氏）」抄訳　147

付録2　トゥガン＝バラノフスキー「資本と市場…エス・ブルガコフ
の著『資本制生産下の市場について』に関して」　156

付録3　『英国恐慌史論』露語2版と独語版　170

付録4　『英国恐慌史論』露語3版と仏語版　178

付録5　『英国恐慌史論』露語2版　序、露語3版　序　208

付録6　『英国恐慌史論』各版構成
露語2版、独語版、仏語版、露語3版等　目次　214

解説 ………………………………………………………………… 225

訳者あとがき ……………………………………………………… 237

5

現代英国における産業恐慌

その原因と国民生活への影響

トゥガン＝バラノフスキー著

序

　ロシアの経済学者たちは、ロシアの生活からではないトピックを彼らの研究に据えるということで、しばしば非難される。こうした非難の基礎に横たわる思想には、同意せざるを得ない。疑いもなく、ロシア経済学の課題は、主にロシア経済の諸現象の研究である。しかし、自国の状況を理解するために他の諸国の方を見てみるのもきわめてしばしば有益なのであり、そしてこの関連においては英国が最も教訓的なのである。A. I. チュプロフ教授の言葉でいえば、「英国で終わりつつあった発展サイクルは、あたかも、霧の中で他国の将来の運命を一瞥させてくれる様なものである*」。これによって英国経済史を利用する全ての国籍の経済学者の第一義的な関心は説明される。英国国民経済の進歩は、我々の時代の、ロシアも例外ではないすべての文明国のなかで多少とも鮮明な形で行われている多くの経済過程のなかで最も典型的な表れである。いかにロシア資本主義の将来を評価しないにせよ、その現実の存在と急速な発展には疑問の余地はあり得ない、そしてそれ故、英国経済史の研究は、そこにおいては資本制制度が十分優位に達しているのだから、ロシアの経済学者にも興味を与えることであろう。

　本書は、資本制制度の特徴的な病気…産業恐慌…の記述と研究に捧げられる。産業恐慌は国民経済の一般的諸条件と非常に固く結びついているので、その歴史の研究に際し、私は、単に恐慌に伴う短期の信用ショックにのみ記述を限定することが可能とは見なさず、自己の研究範囲を

9

拡大しなければならなかった。それ故、この本には、単に言葉の狭い意味での英国恐慌史のみならず、同時に最近の英国経済発展の一般的概説もまた含まれている。

恐慌の原因のそれ相応の解明とは別に、私の課題はまた最近の国民生活への恐慌の影響の算定にある。この目的のために私は一連のグラフを作成したが、それらは、英国商工業に体験されているところの周期的変動が、英国国民の大多数の生活にいかに反映しているかを示すはずである。

本書は、主として1次資料…英国青書、国会委員会の報告書、および公的統計出版物を基礎に書かれている。それらを私は1892年の春と夏の半年間のロンドン滞在時に大英博物館で利用した。

ペテルブルクに帰った後、私は2つの図書館…帝国公共図書館と大蔵省付属学術委員会図書館…の本を主として利用した。私は、本書の刊行時に一度ならずすがらざるを得なかった書誌的情報に対して、私の心からの感謝を帝国公共図書館員の **А. И.** ブラウド及び **П. А.** ソコロフスキーに、そして、学術委員会図書館助手の **П. Б.** ストゥルーベに表さなければならない。

　　ペテルブルク

　　　　　　　　　　　　　　　　　　　　　　　1894年3月1日

原著目次

〔本訳書は第Ⅱ部のみの抄訳である〕

まえがき

第Ⅰ部〔省略〕

恐慌の歴史

第Ⅰ章…〔省略〕

今世紀初めの英国国民経済の状況…ラシャ工業…独立小生産の優位…加工工業と農業の分化の弱さ…木綿工業…大工場生産の発展…フランスとの戦争が国民経済に与えた影響

第Ⅱ章…〔省略〕

大生産の勝利…交易制度の変化…貧民に関する法律の改革…工場立法…英国民大衆の貧困化…労賃の低下…工場と家内工業の闘争…産業革命の結果

第Ⅲ章…〔省略〕

英国商工業の変動…産業恐慌…1825年の恐慌…1836年と1839年の恐慌…1847年の恐慌

第Ⅳ章…〔省略〕

産業変動と英国農工地区における離婚率、死亡率、貧困化、貯蓄階級の財産、犯罪件数の変動との関係…産業恐慌が英国労働者階級および英国における政治事件に与える影響

第Ⅴ章…〔省略〕

自由貿易、鉄道建設、カリフォルニアおよびオーストラリアにおける金鉱の発見が英国国民経済に与える影響…労賃の上昇…大生産の勝利…労働組合の普及…労働時間の制限

第Ⅵ章…〔省略〕

1850年〜1870年の時期における英国商工業の変動…1857年および1866年の産業恐慌

第Ⅶ章…〔省略〕

産業変動との関連における英国農工地区での離婚率、死亡率、犯罪件数、貧困化の変動

第Ⅷ章…〔省略〕

商品価格の低下…その原因…予想される金の上昇…銀の下落…保護主義の強まり…国際間競争の強まり…利潤の低下…労賃の上昇

第Ⅸ章…〔省略〕

英国産業の変動…農工州における離婚率、死亡率、貧困化、犯罪件数の変動…あれこれの種類の変動の性格変化…企業家組合の形成と産業組織化の始まり

第Ⅱ部　恐慌論

第Ⅰ章

市場理論…経済学者の2つの学派：セイ、リカード、ミル；とマルサス、チャーマズ、シスモンディ、モファット、ヴェ・ヴェ氏…資本制経済に於ける資本の流通過程の分析

第Ⅱ章

恐慌論…現行理論の批判…生産部門に於ける攪乱を恐慌の原因として提示する理論（セイ、リカード、ウィルソン、バジョット、ジェヴォンズ、エンゲルス、マルクス、カウツキー）…交換部門における攪乱を恐慌の原因として提示する理論（ジュグラー、ラブレイとミルズ）…消費と分配部門に於ける攪乱を恐慌の原因として提示する理論（シスモンディ、デューリング、ヘルクナー、ロードベルツス、ミル、ヘンリー・ジョージ）…小括

まえがき

　資本制制度の発展は、恐らく19世紀の歴史において最も特筆すべき事実である。もし我々が以前の時代の世界的な産業と交易の成功と資本主義の支配期に達成されたものとを比較すれば、我々は疑いもなく資本制経済の発展は、人間労働の生産性を極度に増強し、世界の富みの総額を増加し、産業進化のテンポを速めたことを承認せざるを得ないであろう。経済学において、好条件下で急速に人口増加がなされるのと同様な、生存手段の急速な増加の不可能性に関するマルサスの教義がほとんど公理と見なされたのは、そう昔のことではない。マルサスの教義は、当時は実際の事実と全く一致していた；19世紀の初めにいたるまで、最も文明化されたヨーロッパ諸国における国富は、非常にゆっくりとしか増大しなかったので、急速な人口増加は不可避的に経済状況の悪化に至らざるを得なかった。しかし引き続くヨーロッパの歴史は、マルサスの懸念がまったく根拠を欠くことを証明した。ヨーロッパの人口は19世紀におけるほど急速に増加したことはないにもかかわらず、ヨーロッパの先進諸国においては、その増加は資本および国富の成長には遥かに及ばなかった。英国における穀物価格は、マルサスが予測したようには年々上昇せず、むしろ逆に、著しく下がったのであって、19世紀の末には前世紀末より安いほどである。

　マルサスの誤りは、今では我々がその意義を知るところの…技術進歩の著しい重要性という事実を考慮に入れていないところにあった。それ

13

までの例の上に立っているので、マルサスは、資本制制度の支配下では
かくも急速に国富が増大しはじめ、産業技術がかくも巨大な成功をおさ
め、世界貿易がかくも驚くべき発展を遂げるということを、推測するこ
とすらできないのである。現在、我々は、富みの欠乏に苦しんでいるの
ではなく、過度の豊穣に苦しんでいる。商品の過剰生産 … 商品に対す
る需要に比しての商品供給の過剰は、我々の時代の国民経済の、最も特
徴的な性格である。生産諸力は、それを現代人は利用している訳である
が、その生産諸力はあまりに巨大に過ぎて、現存の経済組織のもとでは、
そのすべてを活用することはできないであろう。そのきわめて多くの部
分が無駄のままである…機械は１年を通して稼働するわけではなく、工
場は閑散とし、倉庫には販路を見いださない商品の山が堆積し、同時に
人口の多くは、職を探すが見つけることができない。

　このように、急速な産業進歩、急速な富の蓄積が、現代経済の特徴的
性格をなす。では一体どのようにこの進歩は実現されているのか？　こ
の社会形態に固有で他とは異なる、資本制経済の発展に特有な法則はど
こにあるのか？　本書はこうした問題の解決にも助力しなければならな
い。

　我々が英国産業の一連の年を通じた状況を比較しはじめれば、我々は、
英国の産業史が繁栄期と沈滞期の交替からなることにすぐに気づく。英
国における国富は絶え間なく増大しているのではなく、国民生産力の強
力な発展の時期の後には、必ず、多少とも長い沈滞〔期〕が続く。同じ
ことが、より弱い形態ではあるが、北米合衆国、フランス、ベルギー、
そして最近では、ドイツに認められる。

　資本主義が新旧世界のすべての国において広まり、強固になるにつれ
て、ますます多くの国民が、発展の同じ悪循環のなかに現われる。現在、
産業の満ち干は文明世界全体を捉えている。同時に、ヨーロッパ、アメ
リカ、オーストラリア、アジアにおいて、交易はよみがえり、価格は高
騰し、労賃は上昇し、国民の全階級の間で満足感が広まる、そしてその

後に恐慌、貿易会社や銀行の破産、工場の閉鎖、生産の縮小、労賃の下落、突然通常の収入を失った非常に多くの労働者の貧困、が生ずる。次の契機を前のものとは似ていないものにする出来事の絶えず変わりゆく流れにあって、繁栄期と沈滞期の規則正しい交替は、きわめて興味深い現象である。以前には決してそのようなことは観察されなかった。産業恐慌は以前にも存在したが、以前それらは、何等の規則性もなしに、まったく異なる間隔で起こった、他方現在では、恐慌は、非常に規則的に反復されるので、その到来を事前に予測するのが一度ならずうまくいったほどである。

　現代産業の発展は、図式的には次のように描写されよう。

　産業の周期は順調な時期から始まる。すべての主要な商品に活発な需要が存在し、その価格は上昇し、生産は増大する。失業者からなる通常の産業予備〔軍〕は、それは別の時期には労賃を減ずるのであるが、縮小し、労働市場を悩ませる以前の力を失っている。国中に比較的満足な生活が広がり、他方、経済条件が国中の国民生活に多少とも影響するので、この時期には婚姻と出産数が増え、犯罪と住民の死亡者数が減少するのに気づく。

　こうした時期は通常そう長くは続かない：全体的に順調ななかで３～４年が経過する。現在、こうした産業的高揚の堅牢さが信頼できないことは習得済みなのであるが、しかし以前は実業界の人々も学者たちも取引所の辣腕家たちも大臣たちも、…産業的繁栄は何年も続くであろうと、皆固く信じていた。総理大臣が勅語で国富の急速な発展をもって国を祝福したちょうどそのとき、崩壊が接近しつつある最初の兆候がすでに出現していたといったことが、しばしば生じた。

　その次の出来事が、たいていはまったく突然に起こり、国中が不意打ちをくらう。最も思慮深い人々ですら普通は繁栄期を終わらせる産業恐慌の到来をしばしば予見しない。現在、我々は周期的に反復する恐慌に慣れ、それらが誰かを驚かすといったことはないが、以前それらは当時

の人々に青天の霹靂同様の影響を生み出した。

商品価格の下落は崩壊へのシグナルである。すべての投機家と産業家たちは、〔価格〕上昇に一役買ったわけであるが、膨大な損害を被っており、あまり裕福ではない商社は支払いを中断し、パニックが貨幣市場を覆っている。倒産に次ぐ倒産が起こり、工場は閉鎖される。恐慌が絶頂に達しないうちは、パニックが力を増す；急に起こったつむじ風はより弱い経済を絶滅し、そして激烈な恐慌期は終わる。

産業恐慌によって繁栄期は幕を降ろし、先行者と直接の対立を示す新たな時期が始まる。価格は低いままにとどまり、ある工場は閉じられたまま、他の工場は部分操業である。内外交易はまったくの停滞である。倒産件数は大規模なまでに上昇する：資本主義の予備軍は新たな数千の労働者で増大する。労賃は低下し、婚姻と出産数も減少するが、犯罪と死亡事件数は増加する。貯蓄銀行への預け金は逆に引き出され、国中に貧困と極貧が広まる。

産業的混乱期の継続〔時間〕はきわめて多様である。しかし、一定の期間の後、交易は再びよみがえり始め、だんだんと新たな繁栄期がやってくる。産業的発展のサイクルは、再び同じ形で開始されるべく〔いったん〕完了する。しかし、図式的に資本制的進化の運動を表現しているところの、個々の螺線カーブに沿って、国の産業は出発点には戻らずに、どんどん高く高く昇っていく。

かくの如く、資本制経済下においては、国富は増大し生産は拡大する。沈滞期は、繁栄期同様、資本制発展の一般経路に於ける有機的な一環である。最近、資本制経済が支配的な諸国において沈滞期が増々長くなり、繁栄期の継続〔期間〕が短くなったことが認められることは注目に値する。最近の20年間で産業恐慌はその性格を変えた。その活動は、鋭さと強烈さを減じるようになったが、その代わりより長くより深くなった。当の英国においては以前のタイプの産業恐慌はまったく止んでしまった；長く継続する交易停滞、英語の術語では「trade depression」がそれらを

16

変えたのである。かつて英国信用の全構造物の崩壊を生み出し、貨幣市場においてパニックを引き起こした突然の周期的ショックを、英国産業はもはや体験してはいない；それに代わって、英国にとっては恐らく、余剰を伴った若干の順調な年が、交易停滞の数年間の英国を補償するといったことは、永遠に失われたのである。19世紀末、我々は世界の産業および交易の歴史の新たな時代の前夜にいる；世界経済の重力の中心はヨーロッパの古い文明国を犠牲にして目に見える仕方で移動し、同時に、資本制経済の内的機構は変化して、新たな経済制度の進化が実現される、そう考えられ得るかもしれない。

第Ⅱ部

恐慌の理論

第Ⅰ章

　市場の理論…経済学者の2学派：セイ、リカード、ミルおよびマルサス、チャーマズ、シスモンディ、モファット、ヴェ・ヴェ氏…資本制経済における資本の流通過程の分析。

　我々は、19世紀の英国産業恐慌の歴史を述べてきた。その際、我々は各個の場合に英国産業を恐慌へと導いた経済条件と原因を解明しようと努めた。具体的な歴史的条件下で起こったいかなる歴史的事件とも同様に、個々の恐慌には特別の特徴がある。そして、恐慌の説明に際して、恐慌を引き起こした当該の一定の契機のみに特有な直接的原因を指摘することには、さして困難なことではなかった。しかし、恐慌の個々の特徴と並んで、それらすべての最も本質的な諸特徴相互間の極度の類似性が目につく。恐慌に直接に先行する商品市場の状況、恐慌の進展に伴い、信用の変動後に引き続く、貨幣流通分野における変化、こうしたことすべてのなかには、各個の恐慌の歴史の説明に際し、他の恐慌に関して以前述べたこととまったく同じことを、ほとんど何らの変更もなしに繰り返すことになる顕著な類似性が存在する。これ〔類似性〕は恐慌史に大きな単調さを与えるが、同時に、正にこの単調さがまた検討中の現象の合法則性の最良の証拠となる。恐慌が、ある一定の歴史的契機に特有の偶然的な原因に依存するばかりではなく、常に作用している一般的な原因、現代の文化＝経済制度に固有な原因にも依存していることは明らか

である。

　我々は、英国においては産業恐慌ないし産業停滞期が驚くべき規則性をもって反復していることをみた。どの10年にも商業上の活況期と停滞期がある。もしも現代産業の変動が、たとえば戦争や革命等々の歴史的事件の多くと同様の特別な現象の性格をもつならば、それらの反復には不変性や規則性は存在しないであろうし、それらは、他の社会現象同様、事前には曖昧で予測できない時間間隔をおいて起きることであろう。

　しかし現代産業の変動は、事前の予測が再三成功するほど、きわめて周期的である。たとえば、ジェヴォンズは1875年、1878年に終わる産業的混乱をまったく正しくも予測した（表 No. 12から明らかなごとく、1879年に英国における破産曲線は最高潮に達する）。同様にジュグラーは1881年、1882年のパリの取引所恐慌を予測した。したがって、検討中の現象においては、その到来の個々の場合に共通な、典型的な特徴が、特有の特徴に勝っているのである。そうしたわけで、各個の恐慌の原因を説明したからといって、現代産業恐慌の全面的な説明という我々の課題は決して達成されたと見なすことはできないのである。この解明は、我々の課題の、最初のそして最も容易な部分をなすにすぎない；我々には第2の部分が残されている…個々の産業恐慌をそうした類似の現象にし、正確な周期性をもって商業の停滞期の反復を引き起こす、現代の国民経済組織に根をはっている一般的原因を規定するという課題が。

　　　* Stanley Jevons. Investigations in currency and finance, Solar Period and the Price
　　　　of Corn, 230頁。［スタンレー・ジェヴォンズ『通貨と金融の研究、太陽黒点
　　　　と穀物価格』1885年、203頁, なお、本書89頁の注参照。］
　　　* * Clément Juglar、Des Crises Commerciales、443頁。［クレマン・ジュグラー
　　　　『仏・英・米における商業恐慌とその周期的な再発』1862年］

　現代国民経済における恐慌の原因の問題は、経済学においては研究数が最も少ないものに属す。現代経済学は、一般に今日の科学というよりはむしろ将来の科学であり、このことは恐慌を論ずる部門にとりわけ妥

当する。しかし、さまざまな学者により産業恐慌のさまざまな説明が提起されたばかりではなく、そのうえ、これらの説明からする何らかのものが経済学の共通の認知として利用されたなどということはできないのであり、最も初歩的かつ基礎的な問題に関してさえ、意見の一致には程遠いのである。ある学者には不合理で不可能と思われる命題が、他の学者には確実な真理として認められる。それ故、さまざまな恐慌論を検討する前に、我々はそれなしにはさらに先へは進めない基本的な命題を確かめなければならない。

　産業恐慌の歴史の叙述に際して、我々は「過剰生産」という言葉をしばしば使用せざるを得なかった。恐慌の直接的な原因は常に気がつくと生産が需要をしのいでいたということであった。だが、商品の全般的な過剰生産は果たして可能なのか？　気がつくとすべての商品が総体として市場によって要求される以上の量生産されていた、といった市場の状況は可能なのであろうか？　この問題は、今世紀の初め J. B. セイにより初めて提起され、一方彼とリカードの側と他方マルサスとシスモンディの側の間で活発な論争を引き起こし、ミルによって、彼の最初の著作『経済学試論集』およびのちには著名な『経済学原理』において詳細に検討されたが、それにもかかわらず今日でも90年前と同じ論争的問題が残されたままなのである。

　　＊例えば、J. S. Mill, Some unsettled Questions of Political Economy, 2版、
　　　London, 1874年、74頁参照。「資本があまりに急速に蓄積されうるというのは、
　　　空想的意見以外の何者でもない」。にもかかわらず、この命題は、全一連の
　　　経済学者達によって、確信されている。［末永茂喜訳『経済学試論集』（岩波
　　　文庫）、99頁---なお原書1897年版では72～3頁。］

　セイの所謂「市場理論」〔＝販路説〕は、はじめ1803年に出版された『政治経済学概要〔トレテ〕』で述べられ、後に『政治経済学大綱』（1828年）においてより完全に展開された。名をあげた著作の前のものには、セイの経済学への唯一の貢献をなすこの有名な理論の簡単な素描

（3頁ほど）がある。これに反し、『大綱』においては市場理論には100頁が捧げられ、問題は、セイに可能な限りの詳細さをもって研究された。以下の考察においては、我々は、後者の著作を利用する。

　セイは、次のような事情が彼に生産物にとっての市場の意義に関する問題をよく考える動機を与えたと言っている。彼が若者だったとき、彼はたまたま陽気な仲間といた。ワインで満たされた夕食のとき、ワインボトルが空になるにつれ、客の1人がそれを割り始め、「工場を助けなければ」と言った。セイは、他の仲間とともにかかる独創的な国内産業支援を笑ったのであったが、しかし後日、彼には、このエピソードすべては深く考えるに値するように思われたのであった。生産物の破壊が、国内産業にとってどのように有益であるというのか？　にもかかわらず、世の中には、酔っぱらった青年が生活のなかで浅はかにも行ったこととまったく類似した見解が、長い間支配的であった。多くの人々は今日にいたるまでも、富裕階級の奢侈、宮廷の破滅的な出費、たとえば戦争と言ったような種々の不生産的目的のために国家がつぎ込んだ巨額の資金、そうしたものは、産業にとって有益であるばかりか必要不可欠でもあると信じている。もしも富裕な人々がビロード、シルク、ワイン等々を消費することをやめるならば、これらのものの生産者たちは何を始めればよいのか？　これらの生産物は誰に売られ得るのか？　実際は奢侈品の販売は、その生産者にとっては不可欠の消費を満たす手段の役を果たしているのである。

　換言すれば、問題は、生産が継続され生産物が販路を見いだし得るのはいかなる条件の下においてか、ということである。生産者が自己の生産物を販売し得る為には、何にも増して、これらのものに対する現実の需要が、すなわち、これらの生産物の購買のために喜んで十分な額の貨幣を支払う人々が存在することが必要であるということは、もちろん言うまでもないことである。しかし、購買者の手元の貨幣はどこからくるのか？　購買者自身は貨幣をつくりはしない、従って、彼の手元の貨幣

は、前もって彼が自分の生産物を他の誰かに販売した結果である。換言すれば、何らかのものを購買するためには、それ以前に何かを販売しなければならないのである。貨幣のせいでこの過程は複雑化したが、それにもかかわらず、本質的にそれは自然の交換〔物々交換〕の下でと同じままにとどまっている、即ち、生産物は常に生産物と交換されるのである。

　ここからセイは、彼の全理論の礎石たる以下の結論を下すのである：もしも、人の必要を満たすにたる何らかの生産物がその販路を見いださないのであれば、その原因は当該生産物と交換されえたであろうところの他の生産物の不足である、と。「個々の生産物は、残りすべての生産物の数量が増えれば増えるほど増々多くの購買者を見いだす」。諸商品は市場を塞ぎ値を下げるが、それはそれらが余りに多いからではなく、…本来より一方の生産物があまりに少なく生産され、他方の生産物はあまりに多く生産されているから…国民的労働が不均等に配分されているからなのである。

　＊Jean-Baptiste Say, Cours Complet d'Économie Politique Pratique. Paris. 3 版。1852年、第 I 巻、339頁。[『実際的経済学講義大綱』以下『大綱』]

　最後の商品を売るための最善策は、最初の商品の生産の増強である。パリやロンドンでは、産業家たちは彼らの商品の値段を下げる競争に不満を漏らしている。しかし、産業家たちの状況はどこの国でよりよいのか、富んだ国でか、貧しい国でか？　もしもパリの工場主が、スペインないしポーランドといった零落し貧窮化した国に移り住んだら、そこには競争はないにもかかわらず、一体彼は自分の生産物を売りさばくことができるだろうか？　販売の可能性がないなら、生産を中止することが彼にとって必要であろう。そして彼にとっての唯一の救済策は、購買者の財力の向上、すなわち、他の生産物の生産の増大であろう。奢侈と不生産的消費一般は国内産業の維持にとって必要であるという広く普及し

ている信念は、生産の真の限度が何たるかに関する誤った理解に基づくものである。生産は自己の目的として消費をもつというのはもちろんである。しかし人間の消費欲求は、非常に広いので、それは、人間は生産された生産物を消費しきれないであろうという恐れ以上の根拠のないものは何も存在しないであろう段階まで拡大し得る。「世の中に満たされない消費欲求があるうちは、生産物が過剰に生産されたなどということはできない。」

　　＊『大綱』第Ⅱ巻, 210頁。

　もしも奢侈品の需要が減るならば、そのときには、必需品の需要が増えるであろう。なぜなら、以前奢侈品の購入に支出されていた貨幣は無駄にとどまってはおらず、他のものの買い入れに動き回るからである。実際、自己の消費を減らそうという人は、貨幣で何ができるのか？　彼は、あるいは、貨幣を手箱に貯めておくこともできるが、その場合は消費は単に延期されたのである、あるいは、彼は貨幣を生産的に使うこともできる、すなわち、貨幣を労賃や機械等々に支出することができる。後者の場合、商品に対する需要は減ってはいない。ただ、直接的な消費のための商品に代わって生産的消費のための商品が求められるであろうだけである。その結果、国の資本と富の増大が生ずる。

　「正確に言えば、消費できる以上に生産物を作ることはできない」。しかしその場合、我々は「生産物」という用語の意味するところを取り決めなければならない。「厳密な意味では、人の欲求を満足することができるすべてのものを経済的生産物と呼ぶことはできない。生産物…それは、その生産への支出を埋め合わせる有用性をもったものである。もしも５フランの値がつくものをつくるために、６フランの価値を消費しなければ、つまり、６フランの価値を支出しなければならないとすれば、私は、新たな価値を生み出さなかったばかりではなく、１フランをだめにしている」。

「我々がつくったものが生産費用を埋め合わせるときにだけ、生産について語ることができる…かくて我々は、生産は、正確に〔ここだという〕印はつけられずそして地方的な条件に依存する一定の限界まで成長しうる事を見る。この限界のために、生産は赤字である。なぜなら生産物〔原材料〕は高くなり、費用を埋め合わさないからである＊＊」。セイの言によれば、生産費と物の値段の間のバランスを破壊する生産の限界と思われている地方的な条件はいずれに存するのであろうか？　セイはそれらを次の４点に要約している。

　　＊Ibidem、209頁。
　　＊＊『大綱』第Ⅰ巻、346頁。

１）あるいは、人々が当該生産物によって満たされる欲求を試すには文明があまりに遅れている。
２）あるいは、生産技術が極めて低い発展段階にある。
３）あるいは、社会的統御の欠如が生産費を過度に引き上げている。
４）あるいは、過剰な人口のおかげで、社会が、支出を埋め合わさない赤字タイプの生産物に頼らざるを得ない＊。

　第１点目を、セイは、人々がちょっと前までナイフもフォークもなしで生活していた、若干の遅れたフランスの田舎を例に説明している。そのような場合、文明の普及は新たな市場をつくり出す。
　第２と第３の場合を、セイは、商品があれこれの理由で値下がりするとき、その販売がいかに増大するかを例に説明している。
　第４の場合を、セイは、人口増大により資源を使い果たしてしまい、消費物品（たとえば、穀物）を、最もやせた土地で最も劣悪な条件下で生産せざるを得ないという仮空の国の例で説明している。穀物生産がいつか途絶えざるを得ないことは、明らかである。
　以前からセイの著作になじみがあるわけではない読者は、恐らく、当

の著者が大いなる名声を得た著名な市場理論が引用された〔先の〕叙述に大いに驚かれたことであろう。引用されたセイの見解のなかで明らかになっていること以上に、大きな混乱や一貫性のなさを示すのは困難である。こうした一貫性のなさや混乱は次の事情によって説明される。セイの理論は、1803年に初めて述べられたわけだが、『経済学原理』（1820年）においてマルサスによる詳細な批判を被り、そして、両経済学者間での広範囲にわたる往復書簡のきっかけとなった。言うまでもなく両者とも、言葉のうえでは、最小限、以前の見解を維持していたが、しかしセイは、マルサスの批判から自己の理論を守るため、理論に若干の本質的補充をしなければならなかった。そして、これらの補充は、単に彼の最初の形態での理論と調和しなかったのみならず、直接それと矛盾したのである。そうした形態での市場理論は、J. B. セイ『大綱』という最も拡充され仕上げられた著作において1828年に叙述された。

　　＊Ibidem、348頁。

　今や、著者その人によって付け加えられた殻からこの理論の核心を取り分けてみよう。問題は商品の全般的な過剰生産が可能か否かである。その際、商品の全般的な過剰生産を、個々の商品の量が需要を超過して生産されたことがわかった商品市場の状態と、理解すべきではないことを指摘しておこう。ただ一種類の商品が過剰に生産されるだけで十分である、もし、この際、過剰な商品の生産に支出された資本が、商品供給の同様の過剰を引き起こすことなしには何らかの他の産業部門に投資され得ないのならば。

　セイは、かかる問題に2つの異なる答えを与えている。初めに彼は言う、世の中に満たされない欲望があるうちは、商品が過剰に生産されたなどと言ってはいけない；今までのところ我々はすべての欲望が満たされた社会など知らないのだから、ここから、今日商品供給の過剰などあり得ない、という結論が出てくる。これとまったく一致して、セイは、

商品による市場の滞貨の唯一の原因は国民的労働の誤った配分であり、需要を見いださなかった商品の販売のための最良の手段は他の商品の生産の増加である、と主張している。しかし、その次に読者は驚きをもって次のことを知るのである。商品生産には若干の限度が存在する。すなわち、生産はただ商品価格が生産コストを回収するまでは、別言すれば、商品に対する十分な需要が存在するまでは成長し得る、と；生産によってこの限界が乗り越えられたときには、生産は赤字になり停止せざるを得ない。

　文明によってつくり出された一定の需要の不十分な発展は生産への限界と見なされており、生産拡張の唯一の手段はこの当の不十分な需要の拡大である、ということがわかる。しかし、そうであるとしたら、富者の贅沢なしには産業は停止せざるを得ないと主張していた人々は正しくはないのか？　ただ生産の利害における需要の一定の拡大の必要性を原理的に認めるだけだとしても、それでは、需要の拡大が産業にとって有利ではなくなる限界をどこに示すというのか？　自己の戦線の変更を、セイは、「生産物」という用語の独特の解釈で偽装しようとつとめた。セイの解釈によれば、人間の欲望を満たす人間の労働の産物すべてが、通常受け入れられているようには、生産物と呼ばれるわけではない；セイの用語法によれば、その価格が生産費用を回収する産物だけが生産物と呼ばれ得る、ということになる。「生産物」という用語のかかる理解の下での、生産物の全般的過剰生産の不可能性に関するセイの主張は、単純なトートロジ…十分な需要のある産物は需要を超過する量生産されてはいない…という外観を帯びる。かかる命題をもっては誰も論争を始めることはないであろう、そしてそれ故に、商品の全般的過剰生産の不可能性に関してセイと全く一致するリカードが、セイの議論を極めて不適切で論争相手の面前での一種の降伏であると理解していても、別段驚くに値しない。[*]

＊Letters of David Ricard to Thomas Robert Malthus. Oxford. 1887, 178〜89頁。
〔中野正訳『リカアドオのマルサスへの手紙　下巻』岩波文庫、74番〜77番、
スラッファ編・中野正監訳『リカードゥ全集』雄松堂書店、第Ⅷ巻402番・
405番、第Ⅸ巻442番・444番〕

　リカードの体系においては、生産力が不十なことを除き、生産増大の
いかなる限界も存在しないという命題が、礎石の役割を演じている。生
産拡大は商品の価格を引き下げ、利潤を減らす傾向を有すると仮定する
だけで、リカードはそれ以上のすべての結論を与えている。リカードの
価値、労賃、利潤、地代に関する教義は、需要は国民労働の方向性のみ
を決定するにすぎず、それ自体は価値構成要因ではないという仮定に基
礎をおいている。リカードの理論に従えば、商品の生産は無制限に増大
し得るわけだが、その価値は、ただその生産に費やされた労働の量に依
存し、また、需要の変化は、商品価格の一時的変動を惹起しうるにすぎ
ない。それ故、リカードが過剰生産や、市場で充用先を見いだせない過
剰資本の可能性を完全に否定したことは、まったく明らかである。この
考えは、彼の著名な労作『経済学及び課税の原理』（1817年）の多くの
章で発展させられたが、とりわけ、資本蓄積が利潤と利子にもたらす作
用の記述に捧げられた章においてそうであった。その章で彼は、ちなみ
に、次のように述べている。「需要には限界がない、いくらかでも利潤
がある限りは、資本の充用にも限界はない…いかに資本が豊富であれ、
〔出来高〕賃金の上昇を除いては、利潤減少の原因は他にはない」。「ど
んな資本蓄積も、賃金上昇の何らかの不断の原因が実在しないならば、
恒常的に利潤を引き下げることはできない」。リカードの議論は、資本
所有者の個人的欲求の充足により呼び起こされ、生産の拡大によりつく
り出された、諸商品に対する需要の同一性に関する、セイによってすで
に述べられたことの反復である。にもかかわらずリカードもまた、少な
くとも一時的には、商品の過剰生産が起こりうるという理論的な可能性
は容認している、すなわち、「もし皆が皆、奢侈品を断り蓄積のことば

かりを考えようとするならば、すぐには消費できないであろう量の必需品が生産されうるであろう…そうした場合、それらの生産物による市場の全般的閉塞が起きることであろう、したがって、そうした商品の追加量への需要はあり得ないであろうし、より多くの資本の利用からは利潤はあがらないであろう」。とはいえリカードは、こうした予言的な事態が現実にいつかはやってくるとはついぞ思っていなかったのである。

* David Ricardo 著作集・H. Зибер エヌ. ジーベル訳『経済学原理』第ⅩⅩⅠ章、参照。

＊＊ Ibidem, 186頁。〔Ricardo 著『経済学および課税の原理』、小泉信三改訳版『経済学及び課税の原理』下、岩波文庫、30頁。堀経夫訳『リカードウ全集』雄松堂書店、第Ⅰ巻341頁〕

＊＊＊ Ibidem, 181頁。〔同前、小泉22頁、堀333頁〕

＊＊＊＊ Ibidem, 184頁。〔同前、小泉26〜27頁、堀337頁〕

　商品の過剰生産の不可能性に関する最も完全な教義は、ミルによって、初めは『試論集』において、後には彼の有名な教程『経済学原理』において発展させられた。この教程の第5章には資本に関する4つの基本的な定理の説明と論証が載っている。これらの理論とは以下のようである：1）一国の生産の大きさは一国の資本の大きさによって制限される；2）資本は貯蓄の結果である；3）資本の貯蓄とは資本の消費であるが、しかし、ただ、その所有者によってではなく他人によるのである；4）諸商品への需要は労働への需要ではない。

　我々はこれらの理論の内容と論証に詳しく立ち入ることはしない、というのはミルの教程は余りに周知のものだからである。ただ、当該問題に関するミルの説明と議論は、概して正確なのだが、同時に、例えば、機智にとみ慧眼なロバート・モッファトでさえ、商品への需要と労働への需要の区別に関するミルの先の理論の思想をまったく理解しなかったし、N.ジーベルが、「ミルの任意の読者は、これらの章の内容に関する明確な概念をつくったか？」とたずねているほど、わかりにくい。

＊非常に興味深く内容に富む Robert Moffat, The Economy of Consumption.〔ロバート　モファット『消費経済論』〕London. 1878. 第Ⅱ章にあるこの理論に対する批判、参照。

＊＊H. Зибер のリカード著作集への序文、XⅣ頁、参照。

今度は、商品の全般的過剰生産の可能性を認める経済学者と言われる人たちを見てみよう。この後者には、とりわけマルサスが、さらにはチャーマズ、シスモンディおよびモファットが入る。

国民経済における不生産的消費の意義に関するマルサスの見解は、『経済学原理』（初版1820年）の第7章において叙述されている。この本は、マルサスの考えでは、彼の有名な『人口論』において人口増加の法則を確立しようとしたのと同様に、国民的富の増大が従うところの法則を確立するはずのものであった。

人口増大には明白な限界が存在するのであって、人々はいかなる場合もそれを超えることはできない。この限界は当該国が保有する食糧その他の消費物品の貯えからなっている。国民的富の増大にどんな類似の限界が存在するのか？　国民的資本があまりに急速に蓄積されるといったことが可能なのか、あるいは、その資本があまりに多すぎるといったことはありえないのか、そして国は資本の増大にのみ気を配ればそれでよいのか？　アダム・スミス（彼の後継者の大半…セイ、ミル、リカード…も同じだが）は、国民的富の一つの状況、すなわち、貯蓄の状況に注意を向けた。私人は、彼の富を増やしたいときには、支出を減らし貯蓄を資本化する。アダム・スミスによれば、もしも全国民がこの私人と同様に振る舞おうとすれば、同様の結果がもたらされる…国民的富は、私人の富の増大同様、増大することであろう。それ故A・スミスはいう、すべての不生産的支出は、私人にとってと同様、国民にとっても有害である、と。

セイとリカードは、A・スミスの教義を更に発展させ、生産物は常に他の生産物と交換されるのだから、生産物の全般的過剰生産はあり得な

いということを立証しようと努めた。ある種の生産物の生産過剰は、別の何らかの生産物の生産不足を前提する。いわゆる不生産的階級（地主、自由業の代表者たち etc.）は、その活動により国家にとって有益であり得ようが、純粋に経済的視点からすれば、彼らの消費の総体は、国家にとって純粋の損失である。国家には消費者は不足していない；というのは、生産者はすべて同時に消費者でもあるからであるが、しかし彼らの消費には次のような特性がある、すなわち、彼らの消費は、人が自己の消費の満足をくみ出す源泉を不断に再生するのである、他方、決して生産することをしない人の消費は、何らの等価ももたない経済的富の破壊なのである。

　セイとリカードは、生産物は常に生産物と交換されるのだから全般的過剰生産はあり得ないと主張している。マルサスによれば、この主張はまったくの誤りであって、彼はそれを次のように論じている。

1）生産物は常に生産物と交換されるというのは、正しくない。生産物は労働とも交換される…生産物は労働者から労働力を使用する権利を買い入れるための労働者への支払いに使用される。もしも全生産物の生産が増大し、有産階級が自己の消費の削減を望まないなら、労働者階級の消費物品のみを生産する必要があるのは明らかである。「労働者の数は不変のままだから、彼らの消費物品は労働と比べた値段で低下する、他方、このことは利潤を減少させ、しばらくの間赤字生産をもたらすであろう。しかし、これは所謂市場の在荷過剰でもあるが、この場合、部分的ではなく全般的であろう。」[*]

2）リカードとセイの他の誤りは、彼らが怠惰と無為を好む人間の傾向を考慮していないということにある。彼らは、もしも国の生産力が増大すれば、人々は増々多くのものを生産しはじめ、対応して彼らの消費も拡大するかに前提している。しかし現実にはまったく違った何かが起こることだろう。生産者たちは働くかわりに休養することを好むことであろう、というのは彼らの下では、文明の一定の段階で現れる洗練された

欲求は広まっていないのだから。国家は住民の制限された欲求のせいで進歩し得ないであろう、そしてより多く生産するよう彼らを刺激するには、これらの欲求を広めることが必要であろう。

３）リカードとセイの第３の誤りは、生産物の蓄積が常にそれらの販路を用意するとする前提である。「地主階級は職人によって作られた奢侈品を消費する気があり、職人は農産物を消費する気がある時は、すべてが順調である。しかしもしも一方ないし双方が、資本を増やすため資金を貯蓄することを望めば、状況は急変する。農園主が、リボンやレースやビロードを買うかわりに、粗末な衣類で満足しだしたとすると、そのことで彼は、以前同様彼から買う可能性を職人から奪うことになるのである。農産物の市場は、明らかに、縮小せざるを得ないであろう。同じ理由でタバコとブドウを断念し支出をけずった職人は、製造品への需要不足のせいで金持ちにはなれないであろう」。[**]

> ＊Th Malthus. Principles of Political Economy. London. 1820. 354頁。マルサス『経済学原理』（ロンドン・1820年）〔小林時三郎『経済原理』下 岩波文庫、164頁。引用符直前の文、「有産階級が…望まないなら」は「有産階級が…望むなら」の誤りと思われる。またマルサスからの引用には、多くの省略がみられる。〕
> ＊＊Ibidem、363頁〔同176頁〕

「対応する消費意欲のみが需給のバランスを支えうることには疑いを得ない、同様に、富の蓄積への過度の情熱が、現行の社会組織および慣習下での可能な消費量を超過するまで生産物を生産するに至らしめざるをえないということも、疑いない。」[*]

　〔＊同前178・179頁〕

　マルサスによれば、資本蓄積の法則は人口法則にきわめて似ているという。人口増加のためには、消費生産物の大量が必要であるように、資本蓄積のためには、大量の需要、大量の市場が必要である。資本と人口のアナロジーは、生産物に対する強い需要が存在するとき（たとえば戦

時）、破壊された資本が容易に再生されるうちによく表われている；まったく同様に、食糧が豊富なとき、減少した人口は容易に補充される。「生産物に対する需要が十分でない時に収入を資本化するのは、働き手に対する需要がなく新たな人口を養って行くファンドが無い時に、結婚と人口の増加を奨励するのが馬鹿げているのと同様、馬鹿げている。[*]」

それ故資本蓄積の増大は不可避的に価格低下をもたらし、その後、最終的には停止せざるを得ない。ではいかにして資本は蓄積され得るのか？　貯蓄によって、とはいえその際には、消費も累増していることが必要である。肝心なのは需給間のしかるべき比率の厳守である。「生産と生産物の分配は富の2つの要素であり、それらは、適切な比率で組み合わされれば、国富と国の人口を極限まで増大させるが、他方、それらの要因のどれもがバラバラで、両者の比率が破壊された時には、我々が今見ている不十分な人口と不十分な富みがもたらされる。[**]」

　＊Ibidem、375頁。〔同前、193・194頁〕
　＊＊Ibidem、426頁。〔同前、271頁〕

マルサスによれば、次の条件が商品需要の増大および生産と消費の適正比率の遵守を促進するという；
1）土地財産の分割
2）国内交易・外国貿易の発展
3）広範な不生産的消費階級の存在
土地所有の分割は、そうした条件の下では人口が急増しうる（例、北米合衆国）ので、需要を拡大する。封建貴族は中世同様非常に金持ちであるけれども、金持ちで人数の多い小所有階級は、少数階級よりよい市場である。しかし土地の分割があまりに進んでしまうと、好ましからざる結果に至る：贅沢品や快適品に対する需要が縮小し、需要不足によって国は貧しくなる。国の厚生は大小の所有の適切な比率が遵守されるときのみに増大しうる。英国では、マルサスによれば、この比率は遵守さ

れている：巨大地主はほとんどいないとはいえ、彼らは、資本を蓄積するのを鼓舞し、奢侈品に対する需要を支えてくれているわけで、産業家が富の点で大土地所有者の金持ち連に肩を並べるのに、有益である。「もしも企業家と資本家が彼らの所得すべてを消費するなら、不生産的消費者という特別な階級は必要ないであろう。しかしそうした消費は資本家たちの通常の慣習と相容れない：彼らの生活の主要な目的は…貯蓄によって財産を貯えることである；これは家族に対する彼らの義務であり、その上更に、事務所で7～8時間も過ごさざるを得ない訳だから、収入を喜んで使う等ということは不可能なのである。*」

「それ故、産業階級が利潤を得、資本を蓄積できる為には、生産するより多く消費する熱意と手段を持った人々の多数の階級が存在することが必要なのである。こうした階級の中では、地主が一位を占める。**」

「労働者の消費はどうかと言うと、労働者は、たとえ望んだとしてもより多くの量は消費し得ない。労働者階級の消費の顕著な拡大は、生産費を上昇させ、利潤を引き下げ、農業と工業が繁栄に達する前に、国民的富を減少させてしまうであろう。もしも個々の労働者が今より2倍の穀物を消費し始めたとして、このことは、国民的富を利することが無いばかりではなく、加工を伴わない多くの農耕地の耕作を放棄させ国内外交易を縮小することであろう。***」

このように、不生産的消費の必要性に関するマルサスの教義は、最終的には、大土地所有と富裕な土地貴族の奢侈の有用性の証明へと縮められている。不生産的消費の意義に関するリカードとマルサスの論争は、理論的性格のみを有するのではないことを、ついでに心にとめておこう。本質的に、リカードとマルサスは、2つの競争する社会階級の表現者なのである。マルサスの著作は高度に偏向しており常にある政治的目的を追求しているのであるが、そのマルサスは、アダム・スミスとその弟子たちの側から地主が被った無駄であるという叱責から地主階級を擁護した。アダム・スミスの側からする地主貴族の社会的役割と意義に対する

こうした態度は、Ad. スミスが執筆していた時期の革命的性格とまった
く釣り合うものである。

　＊Ibidem, 465頁.〔同前、328頁〕
　＊＊Ibidem, 466頁.〔同前、329頁〕
＊＊＊Ibidem, 471‐72頁.〔同前、337・338頁〕

　Ad. スミスは、その有名な著書の多くの箇所で、商工業者の利害は国
全体の利益とは対立すると言ってはいるが、それでもなお、彼の著書全
体には、商工階級は、唯一ではないにせよ国の主要な力であり、広範で
制限されない産業発展のためには、自由競争とすべての障害の除去が現
在の第一義的な国家の課題である、と言う主張が浸透している。A. ス
ミスの弟子のなかで最も際立っているのはリカードであるが、彼は、自
由貿易の必要性、地主の利益への人為的な助力…これは穀物への保護主
義的関税のことであるが、富者の利益になるような貧者への現行の税で
ある…の中止を特に力を込めて主張した。穀物法の廃止は、産業階級お
よび自由貿易系経済学者のスローガンとなった、そして、貴族制度の擁
護者であるマルサスが、不生産的消費に、だから土地貴族の有用性に反
対する教義の熱烈な敵対者であったことは、まったく明らかである。
　では、セイとリカードに反対するマルサスの異論はどこにあるのか？
　第1の異論は次の場合を想定している：資本家は奢侈品の消費をやめ
労働者階級の消費物品の生産に資本を支出する。労賃は上昇し、利潤は
低下し、労働と比べた商品価格は低下するが、「これは市場の充溢と名
づけられる」。マルサスが言葉を弄んでいるのは明らかである：リカー
ドは労賃上昇の際の利潤低下を否定しようなどとは思わなかった。彼は
ただ、もしも労賃が上昇しないならば、いかなる資本蓄積も利潤を低下
させ得ないと主張したに過ぎない。産業家と経済学者のいうところの市
場の充溢は、労働と比べた価格の低下（他の言葉では、実質賃金の上昇）
ではなく、商品の供給が需要を超過し、そのせいで商品の《貨幣》価格

が低下した市場の状態である。

　マルサスの第2の異論は次のようである：リカードは、製造者の（何らかの理由での）更なる生産に対する嫌気によって生産がその拡大を停止するということを、考慮に入れていない。しかし、このことをリカードもまた否定しようとは思わなかった。彼の理論によれば、もし生産拡大を生産者が望みそしてもし十分な資本と労働力があれば、生産はいつでも拡大し得るであろう。しかし、もし生産者が生産拡大を望まないなら、当然のことながら、生産は拡大されない、ということである。

　マルサスの第3の異論は需要の存在しない生産物を生産することの不可能性の指摘に基礎をおいている。これに関してはまたしてもリカードはまったく一致しているが、マルサスは、農園主と製造業者が自己の貯蓄で何をするのかいっていない。この貯蓄で収入を得るには、彼らはそれを生産の拡大に、換言すれば働き手に対する需要の拡大に支出せねばならない。労働者階級の消費物品、同様に原材料、労働用具といったものが大量に求められるであろう、そして必需品市場の拡大によって、企業家と農園主は、奢侈品市場の縮小を報いられるであろう。

　我々は、セイとリカードに対するマルサスの異論が誤解に基づくものであり、これら経済学者たちの教義を少しも揺るがすものではないことをみる。もしセイが、マルサスの論拠に納得させられて、急いで立ち去り自己の退却を極めてうまく偽装したとしても、これはただセイその人に対して言えることで、彼の理論は少しも揺らぐものではない。これに対し、リカードの完全な勝利を確信するためには、リカードのマルサス宛書簡を読めば十分である、そのなかでは、商品の全般的過剰生産の可能性の問題が一度ならず論議されている。マルサスが見た目にも譲歩しているにもかかわらず、リカードはただの一度も初めの立場を変えてはいない。

　＊非常に興味深い Letters of David Ricardo to Th. Malthus.、170頁、178頁、185
　　頁等、参照。〔中野正訳『リカアドオのマルサスへの手紙　下巻』岩波文庫、

91頁〜92頁、107頁〜108頁、119頁〜120頁、スラッファ編・中野正監訳『リカードウ全集』雄松堂書店、第Ⅷ巻256頁〜257頁、339頁〜340頁、第Ⅸ巻17頁〜18頁402番・405番、第Ⅸ巻442番・444番〕

　トーマス・チャーマズは、今世紀〔訳注19世紀〕前半のすぐれた経済学者であるが、彼はマルサス同様セイ＝リカードの教義に対する熱き反対者である。彼の著作『社会の倫理状況と倫理的繁栄との関連における政治経済学について』On Political Economy in Connexion with the Moral State and Moral Prospects of Society（1831年）は、主に、英国社会に広まっていた産業と交易を英国の力と繁栄の主柱とみる観点に向けられたものである。マルサス同様、彼は地主階級の消費の対応した拡大がない場合の生産の無制限の発展の可能性を否定する。「仕事や給料を与える資本の能力について語る人々は前を見たがらない。彼らは、全過程の第一歩にしか、すなわち、資本家が労働者を雇い、1〜2年間きちんと彼らに支払いをなすステージにしか注意を払わない。しかし彼らは第二歩を、すなわち、製造された生産物が消費者により買われるステージを見ない。もしもこの販売が実現されなければ、投下された資本は回収され得ない、したがって、一回転〔оборот〕後資本は、その大きさにおいて縮小し、そして比例的に労働を養う能力も縮小する*」。

　資本の循環〔круговращение 円運動**〕の全過程を明らかにするために、チャーマズは以下の仮定的な場合を設定する：彼は言う、どこかの国の加工業の全流動資本は100百万ポンド・スターリングに達すると、そして、生産的に支出され、この資本は1年を経て110百万ポンド・スターリングに変わったと仮定しよう。したがって、資本家の利潤は10百万ポンド・スターリングに等しい。1年の終わりには110百万ポンド・スターリングの商品が生産され、そしてこの110百万ポンド・スターリングの商品は消費者（地主階級）により入手される。こうした事態の下では、全商品に対する需要は供給に等しく、資本家と労働者は規則的に自己の所得を得る。

39

＊Th Chalmers. On Political Economy …etc. Glasgow. Second edition. P 82.
〔手持ちの New York 版（1832年）では65頁、8 の後半〕
〔＊＊『資本論』等で用いる「資本の循環」の場合は、普通 кругооборот をあてる〕

　しかし、今度は、地主がその支出を20百万ポンド・スターリングほど
減らしその総額を利子目当てに銀行へ預金することを望んだと仮定して
みよう。形成された追加資本20百万ポンド・スターリングは資本家の手
に渡り、資本家はそれらを生産拡大のために利用する。もし、以前生産
に100百万ポンド・スターリング支出されているとすれば、今や120百万
ポンド・スターリングが支出される。ところが商品は90百万ポンド・ス
ターリングしか消費されないであろう、何故なら国の消費基金は20百万
ポンド・スターリングほど減っているのだから。このように、自己の支
出を減らそうという地主の試みは、生産と消費の均衡の攪乱を導くので
ある。商品の供給の増大はその需要の縮小を伴い、生産された商品全体
の1/4、価値にして30百万ポンド・スターリングが自己の市場を見い
ださないという結果を招くのである。資本家は、その利潤は以前は10百
万ポンド・スターリングであったわけだが、今や30百万ポンド・スター
リングの損失を被り、他方、国の国民資本はといえば、以前は100百万
ポンド・スターリングに達していたのに、今や90百万ポンド・スター
リングに落ち込んでいる。「この場合、生産者が、誤りを犯し、消費者に
必要とされていない商品を製造したと言うことは出来ない。いかに生産
が消費者の好みに適合していようと、消費者が90百万ポンド・スターリ
ングの大きさの購買手段しか所有していない時に、生産者は120百万ポ
ンド・スターリングを販売することは出来ない。消費者は現実に生産さ
れたもの以外の他の何らかの商品を必要とはしない。彼らは、単に、豊
かになりたいのだが、それは何か特定の生産物の蓄積によってではなく、
自己の購買力、全ての商品を所有する自己の力の増大によってであ
る＊」。すなわち、この後者の事情の無理解が、チャーマズによれば、リ
カード学派の経済学者たちを商品の全般的過剰生産の可能性の否定へと

導きもしたのであった。

    ＊〔同前、New York 版（1832年）、121頁〕

　恐らく、注意深い読者にとっては、チャーマズの計算の引用〔部分〕
が明らかな誤りのうえに基礎をおいているということを付け加えること
は必要ないであろう。チャーマズは、生産者と消費者は社会の決定的に
異なる 2 つの階級であり、そのうちの生産者はただ生産し、消費者は…
ただ消費する、と仮定している。この一事が、生産に支出された20百万
ポンド・スターリング分、資本が増大したにもかかわらず、国の消費基
金は10百万ポンド・スターリング分縮小したというチャーマズの主張
〔の適否〕を解明するであろう。この追加の20百万ポンド・スターリン
グの商品を生産した資本家と労働者…彼らは、自己の生存の為に何らか
のものを消費しなければならないのではないのか？　もしも地主の側の
需要が縮小するなら、地主の〔消費〕手段が移行した新たな労働者と資
本家の側の需要が拡大しない等ということが果たしてあり得るのか？
　我々は、数字例を借りて商品の全般的過剰生産の可能性を証明するチ
ャーマズの試みはどうみても成功したと見なすことはできないことをみ
る。
　同様に要求された証明を与え得た者はほとんどいないわけだが、ロバ
ート・モファットもそうである。モファットはたいへん興味深い著作
『消費の経済』"The Economy of Consumption"（1878年）を書いた。こ
の本は、現代産業制度のすばらしい性格も、自由競争のなかに社会の害
悪と不幸全体に効く万能薬をみる最近にいたるまで支配的な経済学派の
それも含んでいる。モファットの本では、特別に我々の興味を引く問題
に多くの頁が捧げられてはいるが、残念なことに、彼の議論は大きな不
明瞭さと曖昧さで際立っている。著作の相異なる部分で、彼は物事を語
っているのだが、それらは相互にまったく一致しない。それ故、あれこ
れの問題に関する彼の見解が何であるのか、確信をもっていうのは困難

である。

　資本蓄積の無制限論に対するモファットの異論は、その論理的不可能性の証明よりは、むしろそうした蓄積の実際的達成不可能性の指摘にあった。それでもやはり、自己の著作のある箇所でモファットは論理的不可能性を証明しようと努めている。モファットの証明の要点は次のようである、彼は言う、「Ad. スミスやミルのような経済学者の教義にしたがって、多くの資本家が自己の自由資産のすべてを生産拡大に支出し始めたとしよう。したがって、我々は、新たな資本投下は産業の需要によってではなく、自己の富を増やそうとする資本家の悲願によってもたらされた、と仮定する。それ故、新たに支出された資本は、現存需要によっては吸収されないであろう。ミルは、この需要はどこからくると言っていたか？　言っていなかったと私は思う。この需要は、あるいは公衆一般の側からか、あるいは企業家の側からか、あるいは労働者の側からか、出てこなければならない。我々には、公衆の側からの需要増大を前提する理由はない。需要の増大は企業家からも出てこないであろう、というのは、彼らの自由資産の資本化は、彼らが自分自身に私的に支出する資産を減らすのであるから。したがって、需要の増大は労働者から出てこなければならない。だが、いかにして？　もし生産に吸引されるであろう労働者が存在するとして、彼らの労賃は、以前の労働者の労賃が生産の一部をなしていたのと同様、追加生産の一部をなすに過ぎない。それ故、追加の労働者の労賃は、追加生産の全てを吸収することは出来ず、ただその小部分を吸収するのみである；さもなくば、企業家に利潤は残らないことになろう。もし企業家が自己の追加で生産された商品に対して彼らが労働者に手間賃として支払った分しか代金をうけとらないなら、彼らは、利潤を失うのみならず、原材料への支出およびその他の生産コストをも取り戻せないであろう。この様に、新たに支出された資本は自然に早々と使い尽くされ、生産は以前の規模へと戻るであろう」[*]。

　[*] Robert Moffat. The Economy of Consumption. London. 1878. pp73, 74.〔ロバー

ト・モファット『消費経済論』。〕

　かくてモファットは言う、もし資本家たちが、市場の状況にかかわらず、自己の収入の全てを生産拡大に支出し始めたなら、価値的には労賃に等しい追加生産部分に対応する市場しか見いださないであろう。モファットによれば、価値的には残余の生産コストすべてと利潤に等しい商品の大部分は、自己の市場を見いださないであろう。しかしこれに対しては、後者の種類の商品に対する需要は正に生産拡大によってつくり出されるであろうから、即ち、生産のためには、労働者のみならず原材料も機械等々も必要なのだから、と反対できよう。それ故、生産拡大は、働き手のみならず生産の際に必要な残るすべてのものに対しても追加の需要を引き起こすのである。利潤に相当する追加生産部分に関していえば、以下で我々がみるように、その部分に対する市場を見いだすことは難しくはないのである。

　しかし、さしあたり我々はこの問題の解明に時間を割くことはせず、さらに先へ進もう。商品の全般的過剰生産の不可能性に関するセイ‐リカードの教義に対する最も著名な反対者であるのは、疑いもなく、スイス人の著名な経済学者シモンド・ド・シスモンディである。当該問題に対する自己の見解を彼は2冊の主要な労作、『経済学新原理』（初版1819年）と『経済学研究』（1837）で叙述している。初めの著作は経済学の体系的な教程であり、2番目は…相異なる時期に相異なる経済問題に関してシスモンディによって書かれ、多くの修正を施され、2巻の大著に改変され出版された、個別論文の集成である。

　シスモンディによれば、セイ‐リカード学派の基本的誤りは、全経済活動の真の目的を見失っているところにある。この学派の教義によれば、国民経済の目的は富の蓄積にあるということになる。だが、本当はそれ自体としては、富みは目的ではなく、単に手段なのではないのか。全経済活動の目的は人々の幸福な暮らし、換言すれば、生産物の消費である。もし人々の労働の生産物の蓄積が国民の幸福な暮らしの増大、有益で快

適なものの消費の増大をもたらさないならば、国民経済が誤った道を進み、目標に到達しないことは明らかである。

シスモンディは言う、「今日世界中の国民経済が体験している革命の中で我々を驚かせる第一の現象…それは、市場の需要と釣り合わない生産の過度の増大、自らの労働によりあまりに多くの富を生産してしまった人々すべてが味わう商品の供給の過剰と貧困である。この現象から確認できることの一つは、おそらく、矛盾である：我々は人間労働の生産物の生産増大について語る；この生産物は、我々の知る如く、富みを構成する；ではいかにして富みの増大が貧困の原因となるのか？」[*]

この現象を説明するためには、経済過程を最も単純な形態で解明することが必要である。社会の相異なるすべての人々の富みは、明らかに、その収入によって量られる。収入の大きさは消費の上限を定めるのだが、消費は将来の消費基金を損ずることなしにこの限界をこえることはできない。

「諸国民は個人の集合体である；後者の各々に当てはまることは、その全体にも当てはまる。国民の消費は、少なくとも年々継続し国民的富みを減ずることのない消費のことではあるが、その国民の消費は、個々別々の人の決められた収入を限度とする、その各構成員の消費総体に他ならない」[**]。

　＊J. C. L. Simonde de Sismondi. Études sur l'Économie Politique. Bruxelles, 1837. Tome I . Du Revenu Social. 78頁

　＊＊Ibidem 84頁。

　　〔以下にシスモンディの原文を掲げておく。Les nations ne sont que des agrégations d'individus; ce qui est vrai de chacun est vrai de tous. La consommation de la nation, la consommation du moins qui peut se continuer d'année en année, sans l'appauvrir, sans la ruiner, n'est autre chose que la consommation réunie de chacun de ses membres, telle que chacun la peut faire sans dépasser son revenu.〕

「国の年々の総収入は、年々の総生産物の交換に向けられる；この交

換により、各人は自己の消費を確保し、支出された資本を回収し、新たな需要に席を与え、新たな再生産の為に新たな需要を呼び起こす。もしも年々の収入が年々の生産物全体の購買に支出されないなら、この生産部分は販売されないままであり、それは生産者の倉庫を塞ぎ、資本を麻痺させ、そして生産は止まらざるを得ないであろう[*]」。

　しかし、現代の国民経済の全組織は、国民所得の減少と国民消費の縮小の方へ向けられる。自由競争に押されて、企業家達は自己の商品の値下げと生産費の縮小のためにありとあらゆる手段を受け入れる。この目的のために彼らは、手労働を機械に置き換え、以前は仕事を見いだしていた労働者の多くを失業状態のまま放置する。工場に残った労働者の労賃は、働き手に対する需要に比しての労働供給の増大のせいで、下落する。こうして国民所得は大いに減少する。更に、機械生産はより安価なので、競争により力負けした、より完成度を欠く生産様式や小生産者、独立経営者や労働者を押しのけ、零落させ、同様に彼らの全収入を奪う。このようにして、購買者の大きな割合をなす人口の最下層階級の収入は縮小される。資本家と企業家の収入は、彼らの手元の資本の増加のせいで増大しうるであろう、だが、いずれにせよ彼らの収入は生産の発展よりは緩慢に増加することであろう。貸付け市場の状況で以前は企業家が10万フランを6％の利払いで借りることができたとして、仮りに資本の供給が2倍に増大したときには、企業家は、20万フランを、たとえば4％といったより少ない利払いで借りることを認められる可能性を得る。資本を貸し付けるほうの資本家は、以前は6,000フランの収入を得ていたが、今や8,000フランを得始める。彼の収入は1/3ほど増加したが、他方、生産のほうは2倍に増加した。まったく同様に、企業家は取引高を増し速めるために自己の利潤を減少させることに同意する。したがって、企業家および資本家全階級の所得は生産よりも緩慢にしか増大しない。

　このように、自由競争は、人口の大部分の消費を減少させると同時に、社会の上層階級の消費増大を緩慢にする。

こうした状況のもとでは、事態はまったく明らかである、商品は購買者を見いださず、市場を塞ぐのである。国の購買手段（それは個人所得の総体からつくられる）が減少しているのに、増大した大量の商品は、どうやって入手されうるのか？　同じ理由で、現在、急速に発展しつつある産業を抱えた諸国は、国外市場の獲得に、国内には席を見いださない生産物の国外販路の獲得に努めている。しかし国外市場においても同じ原因が作用している、それ故、生産された全生産物の適正な販路に到達する唯一の手段は、住民大衆の福利の向上、生産の増大と消費の増大の間のバランスの一定の比率の遵守にある。「貧者、労働者は、必需品に関しては、製造された物品の主要な消費者である。彼が購買しうるためには、彼の所得を増加することが必要である…それ故、低賃金は（しばしば確認してきたように）工場主にとって安寧ではないばかりではなく、逆に、それは大量の購買者を彼らから奪いさる、彼らにとり危険きわまりない事情でもあるのである」。[**]

* J. C. L. Simonde de Sismondi. Nouveaux Principes d'Économie Politique. Paris, 1827. 第Ⅰ巻106頁〔山口・菅間訳『政治経済学新原理』上巻、1942年、慶応書房、68頁〕

* * Simonde de Sismondi. Études sur l'Economie Politique. 第2巻 222頁。シスモンディの理論の説明は著作集の第1、2、13、14 研究および《Nouveaux principes etc》第2、4巻に含まれている。

シスモンディの理論は、その外見上の説得力にもかかわらず、実際は、以前に論破されたすべての理論と同じく、資本制経済における商品の流通過程の誤った理解に基礎をおいている。リカードとの論争においてシスモンディは、いわくありげに上述の彼らの以前の見解から始めているが、もしも資本がある産業部門から他のそれへ自由に移動できさえすれば、それだけで、生産の拡大はそれ自身で自己の市場をつくり出すということを承認したということを、ついでに心にとめておこう。[*]

* Études sur l'Économie Politiqu、55頁以下の注、参照。

恐らく、商品の全般的過剰生産の可能性の問題に関する経済学者たちの論争は、多くの読者には非常につまらないへ理屈的でさえある口論と映ったことであろう。実際、これらの論争は概念の大きな混乱を示しており、それらはいずれにせよ、経済学の光り輝く発展ではない。それでもなお、資本制経済における資本の流通過程の正しい理解を欠くならば、我々を特別に引きつけてやまない現象、すなわち産業恐慌の解明への一歩前進は不可能であるから、我々は、これら論争になるべく長く時間をかけることを必要と見なした。

　加えて、これら論争の抽象的性格にもかかわらず、それらのテーマは、社会の現実的で深い利益と最も密接な関係を有している。我ロシアにおいては資本制産業にとっての市場の意義の問題は、とりわけ重要である。現在ロシアで進行中の経済進化の理解のためには、資本制経済発展における市場の意義に関する明瞭かつ明確な理解が不可欠である。ロシアが、西欧がたどった全発展段階をたどらざるを得ないかどうかの問題に関しては触れないが、我々はその可能性を否定している著述家たちの議論が、我々の意見では資本制経済における資本の流通過程のかなりの程度誤った認識に基礎付けられていることを認めざるを得ない。後に『ロシアにおける資本主義の運命』という表題の下に別の本で刊行されたヴェ・ヴェ氏の著名な論文が『祖国記録』に出現した後、ロシアの工場制産業の生産品は国外市場で販路をもち得ないが、国外市場なしには資本主義の発展は不可能であるという理由で、ロシアにおける資本制経済の発展の可能性を否定するのが我々〔ロシア知識人〕の慣例となっている。ヴェ・ヴェ氏によれば、資本主義はただ国外市場によってのみ存在する。同じことを、ニコライ──オン氏も最近発刊された非凡な著書『概説　ロシアに於ける改革後の経済』〔正式名称は『概説　改革後の我国社会経済』である〕で述べており、エス・ユジャコフ氏も『ロシアの富』の昨年11月と12月号に掲載された2本の論文「ロシア経済発展の諸問題」で述べている。これらの見解すべての基礎に横たわる市場理論は、誰にもまし

47

て、ヴェ・ヴェ氏によって発展させられたのだから、我々も彼の説明の下につこう。ヴェ・ヴェ氏の理論は次のようである：

資本流通が容易に支障なく完結されるためには、労働生産物の価値が、生産の際に支出された全生産物の価値の総計に等しいことが、すなわち、利潤と呼ばれる余剰がないことが必要である。この場合、資本の流通とはただ資本が現れる一つの具体的形態から他の形態への変化であるに過ぎないのであり、流通している資本の総価値は変わらない。

「一つの生産物に統合される以前の生産コストの総計は、今や足し算の項へと分解する（原材料、労働者の維持費、等々）；それらの各々は生産過程で一定の役割を演じており、それ故、必要以上であることはあり得ず、消費者を見いださないということはあり得ない」。生産物の大量を市場に投げ出しつつ、生産は、今度は逆に、それらと同量のものを必要とする；それ故、もしも生産が何らかの理由で中断しさえしなければ、すべての生産された商品は販路を見いだすのである。[*]

ヴェ・ヴェ氏によれば、資本の流通は、生産が資本制的性格を帯び利潤を生むときには、まったく違った様相で表れる。「利潤は、生産と有機的関係をもってはいない。生産は、自己の継続のため、初めの場合同様、原料、道具、労働者の扶養手段のみを必要とする、それ故、自身はただ対応する生産物部分のみを消費する。利潤を構成するその生産物の余剰は、産業生活の恒久的要素に…生産物の生産に…席を見いださず、生産とは有機的に関連しない他の消費者を、ある偶然の段階まで探さなければならない。それは消費者を見いだすかもしれないが、見いだしたとしても適切な量は見いださないかもしれない、そうした場合には、商品による市場の供給過剰が起こるであろう」。[**]

さらにヴェ・ヴェ氏は、資本家が望んでも、物理的に自己の利潤のすべてを私的欲求に使い果たすことはできないことを証明している。それ故、発達した資本制的経済をもつ国においてはいつでも、商品の過剰生産が存在するが、それは国内市場では販路を見いだせないのである。国

外市場のみが、国から、資本家によって消費されない商品余剰を取り除くことができる、それ故、資本指揮下の産業の支障なき発展のためには、生産物の余剰を構成するであろうものが、国外で席を見いだすこと、国外に販路があることが必要である。[***]

　＊ヴェ・ヴェ、「商品による市場の供給過剰」20頁（『祖国記録』1883年）
　＊＊ibidem, 21頁
＊＊＊ibidem, 26頁

　ヴェ・ヴェ氏によって発展させられた理論は、新しいものではなく、遥か以前にシスモンディが語ったものの繰り返しである。にもかかわらず、それは資本制経済理論の諸問題の一つ…商品の全般的過剰生産現象…を解決する興味ある試みとして、大きな注目を引いている。ヴェ・ヴェ氏はマルサスやチャーマズより遠くへ進んだのであって、彼等は、もしも富裕階級の消費が、生産が増加するのと同じ速さで増加しなければ、商品の供給は需要を超過することを証明したのだが、ヴェ・ヴェ氏の方は、資本制生産はいつもそしていずれにせよ消費を凌駕し、自己の市場を見いださない商品による市場の滞貨へと行き着くと主張している。
　モファットをも困惑させたものとまったく同じ事情…すなわち、資本の流通過程における利潤にとっての投資先探しの困難さは、ヴェ・ヴェ氏を明らかに困惑させた。実際、この過程の分析が不十分な下では、利潤は、容易に、商品流通の枠に収まりきれない必要以上の何かと思われる。生産が利潤を与えないときには、すべてはまったく明らかである。生産された生産物は丸ごと生産の更新に支出されるのであって、その結果、永久に再び同じ数量の生産物〔が生産され、また同量の生産物が生産され〕ということになる。しかし、利潤、生産の余剰は、それをどこへ投資すべきか？　そして、ヴェ・ヴェ氏はといえば、この生産物の超過分を国外に投資し、そうやって、自らがつくり出した困難な状況から切り抜けようとしているのである。我々は、ヴェ・ヴェ氏の命題、資本

49

家は自己の利潤のすべてを物理的に消費することはできないに異を唱えることはないだろう（もっともこの命題はヴェ・ヴェ氏によって何も証明されてはいないが）；我々にとって重要なのは、…資本家がこれをなし得るか否か…であるが、いずれにせよ彼らはこうしたことをしない。疑いもなく、資本家は自己の利潤のすべてを消費しはしない、何故なら、逆の場合、国民的資本は増大しないであろうから、他方、我々は、力強く発展した資本制経済をもった国においてはどこでも国民的資本はきわめて急速に増大することを知っている。したがって、資本家は自己の利潤のただ一部のみを消費するにすぎない。では彼らは残余の部分はどうするのか？　彼らはそれを資本化する、すなわち、生産拡大に用いる、では過程全体はどう実現されるのか…このことを我々は説明したいと思う。

　我々は、無制限の資本蓄積および生産拡大を承認する経済学者、同様にそれを否定する経済学者の見解を十分詳細に述べた。我々は、経済学においては生産にとっての市場の意義の問題は決して解決されているとは考えられないということを見てみよう。

　セイ - リカードの市場理論は、我々の見解によれば、問題の困難全てを解決してはいないが、しかし、その基礎に横たわっている考え…生産の限界は社会の生産力にあるのであって、社会の消費の大きさには決してない…はまったく正しいものと見なされる。にもかかわらず、上で見たように、この理論の当の作者自身はこれを放棄し、敵の攻撃の前に降伏してしまった。リカードとミルは、より首尾一貫しており、セイ本来の考えの意義を彼よりよく理解していたが、彼らの説明においては、市場理論は、論争を終結させ得るほどの明快さと説得力を欠いていた。モファットやヴェ・ヴェ氏およびその他多くの最近の著述家達…彼らについては以下で語るわけだが…は、「擁護者にとって満足すべきと同時に明白である記述を思いつくのが困難である程馬鹿げている*」とミルが見なした見解にすがりつき続けている。

50

＊J. S. Mill, Principles of Political Economy. vol Ⅱ, 1848. London. p90,〔末永茂喜訳、岩波文庫、第3分冊233頁〕

　我々の見解では、もっとも重要な諸問題の一つに関する経済学者たちの根本的な対立の原因は、こうした複雑な問題は、人文学的推論の助けを借りて何が問題か解明されるようには解明することはできないという点にある。こうした場合には、数学の助けを借り、数字例を取り上げる必要がある。ただかかる方法でのみ、我々の考察に、終わりの期待できない新たな論争を引き起こすのではなく、論争を終結へと導く正確さと明快さを与えることができるであろう。チャーマズは、社会の不生産的階級の側での個人消費への支出の減少が国民経済にどのような影響を与えるかを数値で示すことを試みており、きわめて適切に振る舞ったわけだが、ただ当のチャーマズの学説そのものはまったくの誤りであった。

　というわけで、我々の課題は、資本制的生産における資本の流通過程の検討である。我々は、資本家の利潤がどうやって市場に投資されるかを明らかにし、資本家が自己の消費を減らし生産を拡大したがっているか否かにかかわらず、資本家が新たに生産された生産物の市場を見いだし得るかどうかを見極めなければならない。このため、我々は、若干の表式を作成したが、それは資本と商品の流通過程を、現実に行われているように、図示するはずである。下に掲げられた表式は、K. Marx の『資本論』第2部における表式モデルに若干の改変を加えて作成された。

表式　No 1
同一規模での資本の再生産

全不変資本		1年の終わりに生産された全
1年間に支出された不変資本		生産物
（200＋100＋100）＝400	200不＋100労＋100利＝400	（400＋200＋200）＝800
1年間に支出された労賃	不変資本の生産	1年の終わりの利潤
（100＋50＋50）＝200	100不＋50労＋50利＝200	（100＋50＋50）＝200
もし年1人あたり労賃＝1で	必需品の生産	あるいは
あれば、全部で200人の労働	100不＋50労＋50利＝200	800－600＝200
者が従事	奢侈品の生産	支出された全資本の33 1/3％

全資本（不変資本と労賃）は		を構成
400＋200＝600		（200×100÷600＝33 1/3）

*）K. Marx『資本論』第Ⅱ巻、ペテルブルク、1885。第21章。

　この表式を理解することは難しいことではない；各三項式の第1項は不変資本価値（K. Marx の用語法に従う、知られているように、不変資本という用語で、労賃を除く生産コスト全体が意味される）；第2項は…労賃、第3項は…利潤である。3項式3本すべてにおいて、労賃および利潤に対する不変資本の比率は等しい。最初の三項式は不変資本の生産を表す、2番目のそれは労働者階級の消費物品（必需品といわれる）の生産を、3番目のそれは資本家階級の消費物品（奢侈品と言われる）の生産を表す。この表式において前提されている生産配分の下においては、商品に対する需要は、供給にぴったり等しくなっている。年末までに生産された不変資本の価値（400）は、翌年の同一規模の（200＋100＋100）生産の更新のために必要な資本価値にぴったり等しい。必需品の価値は労賃総額に等しく、奢侈品の価値は利潤の総額に等しい。かくの如く、もしも翌年の生産が以前の規模で始まるならば、生産された商品は皆、自己の販路を見いだすだろう。各階級の商品は他の2階級の商品と交換されることであろう；生産手段は、奢侈品および必需品と交換されるであろう、必需品は生産手段と奢侈品と交換されるであろう、等々。生産は限りなく長期間継続され、そしていつも商品に対する需要は供給に厳密に等しいであろう。

　しかし、我々が仮定した単純再生産という場合だから何らの疑念も提出されないのではないか；資本家は、我々の前提にしたがって自己の利潤すべてを消費する；当然、商品の供給は需要を超えない。しかし、もし資本家が自己の利潤を貯蓄することを選んだが故にそれを消費することをやめたとしたら、あるいはヴェ・ヴェ氏が考えるように資本家は物理的に自己の利潤を消費し尽せないが故にそれを消費することをやめたとしたら、どうなるのか？

第Ⅰ章

　我々は、消費されないままの利潤の一部分を、資本家が死んだ資本〔蓄蔵貨幣〕の形態で…手文庫にしまい込まれた貨幣の形態で、保持しようとしていると前提することはできない。疑いもなく、もしもこうした資本を生産的に投資する、すなわち、利益付きで投資する可能性があれば、資本家は喜んでそうするであろう。最も産業的な諸国においては、資本の一部が常に呑み込まれないままに、利潤を生まないままに、とどまることは、否定できない。しかし、こうしたことが起きるのは、資本家がこの資本に利潤を欲せずそれを自己の手文庫で保管するほうを選ぶからではなく、その資本に利益のでる投資〔先〕を見つけるのが不可能だからである。そういうわけで、我々は、資本家は自己の利潤の余剰を資本化し、それで新たな収入を得ようと努めている、と仮定しよう。我々の課題は、どの程度までこの努力が実現されるかを明らかにすることにある。

　生産のためには（もちろん、自然力を除いて）資本と労働力が必要である。我々は２つの場合を別々に検討しよう；第１の場合は、労働力に余剰があるときであり、生産拡大が働き手の不足という障害に出会わないときであり、第２の場合は、働き手の数が増えず、生産は常に同一労働者数で行われざるを得ないときである。以下におかれた表式 No. 2 は、第１の場合に対応する。ついでに次のことを心に留めておこう、第１の場合のほうが、資本制生産を有する諸国における現実の事態を第２の場合よりよく表現している、というのは、そうした諸国においては常に生産の必要を超える過剰人口が存在し、それ故、生産がいかに拡大しようと、生産は働き手の不足を蒙らないのだから。

53

表式　No 2
労働者数増大下での資本の蓄積

全不変資本＝1,200
第1年目に消費された不変資本
　（242 4/7＋107 3/7＋50）
　　＝400
あるいは
　（1,200×1/3）＝400
第1年目に消費された労賃
　（121 3/7＋53 4/7＋25）
　　＝200
もし労賃＝1であれば、
全部で200人の労働者が従事
全運転資本は
　（400＋200）＝600

1年目
　242 6/7不＋121 3/7労＋
121 3/7利＝485 5/7
不変資本の生産
　107 1/7不＋53 4/7労＋53
4/7利＝214 2/7
必需品の生産
　50不＋25労＋25利＝100
奢侈品の生産

第1年目の終わりに生産された全生産物
　（485 5/7＋214 2/7＋100）
　　＝800
1年間の利潤
　（121 3/7＋53 4/7＋25）
　　＝200
あるいは
　（800－600）＝200
全運転資本の33 1/3％の構成部分

第2年目の不変資本の需要
400（第1年目に消費された不変資本の補塡）＋85 5/7
（新たに生産に支出された不変資本）＝485 5/7

全不変資本
　（1,200＋85 5/7）＝1,285 5/7
第2年目に消費された不変資本；
　（260 10/40＋114 30/40＋53 4/7）＝428 4/7
あるいは
　（1,285 5/7×1/3）＝428 4/7
第2年目に消費された労賃；
　（130 5/49＋57 39/98＋26 11/14）＝214 2/7
もし労賃が1なら、
そのとき全部で214 2/7人の労働者が従事
全運転資本；
　（428 4/7＋214 2/7）＝642 6/7

2年目
　260 10/49不＋130 5/49労
＋130 5/49利＝520 20/49
不変資本の生産
　114 39/49不＋57 39/98労
＋57 39/98利＝229 29/49
必需品の生産
　53 4/7不＋26 11/14労＋26 11/14利＝107 1/7
奢侈品の生産

第2年目の終わりに生産された全生産物；
　（520 20/49＋229 29/49＋107 1/7）
第2年目の終わりの利潤
　（130 5/49＋57 39/98＋26 11/14）＝214 2/7
あるいは
　（857 1/7－642 6/7）＝214 2/7
全運転資本の33 1/3％の構成部分

第３年目の不変資本の需要
428 4/7（第２年目に消費された不変資本の補塡）＋91 41/49（新たに生産に支出された不変資本）＝520 20/49

全不変資本
　（1,285 5/7＋91 41/49）＝
　1,377 27/49
第３年目に消費された不変資本；
　（278 271/343＋122 683/686
　＋57 39/98）＝459 9/49
あるいは
　（1,377 27/49×1/3）＝459 9/49
第３年目に消費された労賃；
　（139 271/686＋61 683/1372
　＋28 137/196）＝229 29/49
もし労賃が１なら、
そのとき全部で229 29/49人の労働者が従事
全運転資本；
　（459 9/49＋229 29/49）＝
　688 38/49

３年目
　278 271/343不＋139 271/686労＋139 271/686利＝520 20/49
不変資本の生産
　122 683/686不＋61 683/1372労＋61 683/1372利＝229 29/49
必需品の生産
　57 39/98不＋28 137/196労＋28 137/196利＝114 39/49
奢侈品の生産

第３年目の終わりに生産された全生産物；
　（557 199/343＋245 340/343＋114 39/49）＝918 18/49
第２年度の終わりの利潤
　（139 271/686＋61 683/1372＋28 137/196）＝229 29/49
あるいは
　（918 18/49－688 38/49）＝229 29/49
全運転資本の33 1/3％の構成部分

　この表式は、望まれる規模での生産拡大のために一国に失業している働き手が十分存在している場合、利潤の資本化がいかに実現されるかを明らかにするはずである。この表式作成に際し、我々は、問題を少し複雑にする新たな若干の条件を導入しなければならない。すなわち、表式No. 1においては、我々は相異なる資本諸部分の流通速度が大いに異なっている事態を無視できた。現実には、固定資本は流動資本よりずっとゆっくりと流通する。労賃の１回転期間には固定資本のただ若干の部分が回転する時間をもつに過ぎない。この表式においては、続く２つにおけると同様、我々は年に全不変資本（後者は全固定資本＋労賃以外の流動資本からなる）の1/3の部分が摩損する（生産によって消費される）、ものとする。＊したがって、表式No. 2における各三項式の第１項目は一

国の全不変資本のうち 1 年間に回転する部分（この場合 1/3）を表す。
回転に入る不変資本のこの部分のみを我々は算定する必要がある。年々
消費される不変資本部分と労賃および利潤の関係では、表式 No. 2 にお
けるものは、表式 No. 1 におけるものと同じである。

　　*年々の不変資本の摩損はそんなに大きくはないと思われるかもしれないが、
　　　より細かな数字の採用は我々の計算をより煩雑にするであろう、そうでなく
　　　とも計算は十分煩雑なのに。

　表式 No. 1 において、我々は、資本家は自己の利潤のすべてを消費し
生産規模は拡大されないとの仮定の下に、資本の円環運動を示した。今
度は、ある日この国の資本家達は自己の利潤の半分だけを消費し、残り
の半分は自己の富みの拡大に支出しようと決断した、と仮定してみよう。
富裕化渇望が彼らの唯一の動機なのであって、彼らは自己の資本を消費
物品に費やしてしまうことは決してない。しかし、もし彼らが生産に資
本を支出しないなら、どうやって彼らは自己の資本で利潤を得ることが
できるのかと、問われよう。そこでとうとう彼らは生産の拡大を決断す
る。もしも産業の各分野における生産が同一の比率で拡大されれば、疑
いもなく、資本家は自己の目的…富みの蓄積…を達することはできない
であろう、何故なら、生産された商品の非常に多くの部分が全然必要と
されないであろうし（奢侈品の多くの部分）、他方、需要増加が現れる
商品（生産用具および労働者の消費物品）は市場で不足するであろうか
らである。それ故資本家は、自己の欲望…自己の富みの増大…をただ一
つの方法；国民的生産の配分変更でのみ達成することができる。国民的
生産の配分を変更すること…ことは非常に難しいが、今、我々の興味を
引くのは、この変更それ自体の過程ではなく、その結果である。後者の
達成がいかに難しかろうと、いずれにせよ、それは達成されうる。そこ
で、表式 No. 2 においては、自己の利潤の半分を資本化するという資本
家の欲望が十分実現されることがわかる国民的資本の配分が提示される。
　この表式においては、1 年間の全国民生産物の総額は、表式 No. 1 に

おけるものと同一のものが採用されている；不変資本の全般的総額も必需品の総額も変更されておらず同一であるというのは、後者の大きさは過去の生産の生産物〔のそれ〕であり、何らかの資本配分からその量が変更されることはあり得ないからである。しかし、国民的資本の配分はまったく変更された。以前、不変資本は400価値単位（ルーブリ、フラン、ポンド・スターリング）生産されていたが、今は485 5/8である；以前は、必需品は200価値単位生産されていたが、今は214 2/7である；最後に、1年間に生産される奢侈品の価値は、以前は200単位に等しかったが、今はたった100単位、すなわち、ちょうど半分である。年末における全国民生産の総額は、以前の800単位にとどまっており、同様に、利潤の割合も33 1/3 ％で変わっていない。

　今度は、こうした生産配分の下で、生産された商品すべてに市場が見いだされるかどうか、見てみよう。表式 No. 2 の 2 年目は我が国の第 2 年目の間の生産を示す。この表式から以下のことが明らかである、すなわち、この年の生産のために、不変資本485 5/7単位および、第 2 年目に生産に従事している労働者により 214 2/7〔単位〕（第 1 年においては就業は200労働のみである）の必需品が消費される。第 2 年目の間に生産のために消費された不変資本485 5/7単位のうち、400単位は、1年間に減価した国の不変資本に入って行き、他方、85 5/7単位は生産拡大に支出される。この新たに支出された資本の1/3（28 4/7）は第 2 年目の間に消費され流通取引に入る。というわけで、不変資本と労賃を表しているすべての商品の市場が見つかった…すなわち、これらの商品は生産拡大によって吸収された。第 1 年目の間に生産された奢侈品100単位は、我々の前提、資本家は自己の利潤（表式 No. 2 の 1 年目におけるそれは、表式 No. 1 におけるとまったく同様に200に等しい）の半分を個人なものに支出するに対応して、第 2 年目の間に資本家により消費されるであろう；彼らの利潤の正に他の半分は、すでに不変資本および労働者階級の消費物品に変わっている（第 2 年目の間に生産拡大のために消

57

費された不変資本は85 5/7単位…485 5/7－400…であり、第１年目の間に生産のために消費された資本より大きく、第２年目における労賃は第１年目の労賃を14 2/7だけ上回わっている…214 2/7－200）。

　第１年目の間の労働者と資本家の全消費は合算して400（200＋200）単位に達していたが、第２年目の間のそれは…314 2/7単位（214 2/7 ＋ 100）に過ぎなかった。こうして、国民消費の総額は減少した、しかし、流通取引に入る国の資本（不変および可変）は600単位から642 6/7単位に増加し、対応する形で国民的富みは増大した。第２年目の終わりには全部で857 1/7単位の生産物が生産された…第１年目の終わりよりかなりの大量である。

　資本家が自己の利潤全部を消費することを好まず、それに意地を張り続けているとすれば、これらの商品はどこに席を得るというのか？　チャーマズは、商品の全般的過剰生産の可能性を否定している経済学者たちを非難して言っている、彼らは自己の探求を第一歩から打ち切っている；彼らは、生産の拡大が労働者に追加の仕事を与え資本に追加需要をつくり出すことを証明するが、拡大された生産によってつくり出された商品の余剰をどこに片づけろというのか…この問題を彼らは明らかにしてはいない。第２年目の末につくられた、増大する商品数量に対する需要は存在するのか、見てみることにしよう。このためには我々は第３年目の間の商品に対する需要を算定しなければならない。

　第２年目の終わりには、520 20/49単位の不変資本、229 29/49単位の必需品と107 1/7単位の奢侈品が生産された。第３年の表式は、第３年目の拡大された生産のためには、520 20/49単位の不変資本と229 29/49単位の労働者の消費物品が必要であることを示している。

　ということで、不変資本と必需品のための市場は見つかった…それは拡大された生産によってつくられた。107 1/7単位の価値のある奢侈品は、資本家により第３年目の間に消費されるであろう、何故なら、彼らの第２年目の利潤は214 2/7単位に等しく（以前通り、支出された資本

の33 1/3%）、他方、我々の前提によれば、利潤の半分は資本家により自分自身の消費に支出される。他の半分は資本の増強にまわされる。すなわち、91 41/49〔単位〕は不変資本の拡大に、15 15/49〔単位〕は労賃の増額に使われる。

〔＊マイクロフィルムに傷があり、一部単語が欠落しているようにも見えるが、インターネットに掲示されているものでは空白になっている（415原頁右下）。〕

第3年目の終わりには…第1年目に比べ15％《大きい》…全部で918 18/49単位の生産物が生産されるであろう、他方、労働者と資本家の全消費総額は…第1年目に比べ16％《小さい》…わずか336 36/49単位（229 29/49＋107 1/7）に等しくなるであろう。

我々は、我々の商品配分の分析を4年目、5年目、それ以降と続けることは必要ないものと考える。引用された表式は、商品の流通過程の認識が不十分なもとでは容易に異論を呼び起こす…それ自体はきわめて単純な…思想：すなわち、生産自身が自らのための市場をつくり出し、そしてそれ以外のいかなる市場も必要としないを、明白に示したはずである。生産が拡大されさえすれば、そしてそのための生産力が十分であれば、需要も拡大されるであろう、何故ならば、国民的生産のしかるべき配分のもとでは、新たに生産された商品はどれも他の商品を買うための新たに出現した購買力なのであるから。

我々によって引用された表式には、現実生活で起こっている現象の特徴づけに表式を役立たなくさせるいかなる独断的仮説も含まれてはいない。しかし、これらの表式が、任意の生産配分の最終的な結果を示しはするが、この配分過程自体は示していないということだけは忘れるべきではない。もし適切な統計数値があれば、我々は、資本制生産を有するいかなる国の現実の生産総額をも摑むことができよう、また、全国民生産を3グループ…労働資材の生産、必需品そして奢侈品…に分けることができよう、そして、《しかるべき方法で国民的生産が拡大され、当のその国が外国からの商品輸入を必要としないならば》、それだけで、拡

張された生産のための商品市場はいつでも見いだせることを証明することができよう。

> ＊最後の事情〔強調個所〕を忘れないことが非常に重要である。我々の全議論は、明らかに、国の購買力が自国で支出され外国に行ってしまいはしないという前提に基づいている。

　引用された表式は同様に、消費物品に対する需要は国民的需要のすべてではないという主張を証明している。そればかりではなく、表式 No. 2 で見たように、商品に対する国民的需要が増大するのに、消費物品に対する需要は縮小し得る。この事情の無理解が、販路のための市場の意義に関する先に引用した論争において明らかになった曖昧さの主要な原因である。J. S. ミルも、資本家の消費の縮小の場合は労働者の消費の同量の増大の場合であると立証しつつ、この事情を見逃している[＊]。これは正しくない…資本家の自己の利潤の一部の消費の拒否は実際、労働者の消費を増大するが、その増大量は、前者の消費の縮小量と同じではない；この場合、国民消費総額は縮小しているが、国の不変資本（生産手段等々）は増大している。まったく同様に、表式 No. 2 の基礎上に次のことを結論できる、すなわち、資本の蓄積はまったくもって利潤の低下を伴う必要はない、もちろん、蓄積に際し労賃は上昇しないとしてのことであるが。

> ＊J. S. Mill. 『経済学原理』第 1 巻、88〜89頁。〔岩波文庫、第 1 分冊　145〜146頁〕

　我々は、蓄積の第 1 の場合、すなわち、働き手の不足といった障害が生じない生産拡大を、十分な完全さをもって検討した。今や第 2 の場合を検討しよう。

　働き手に対する需要がいかに増大しようと、生産に従事している労働者数は不変のままにとどまり、全然増加しない、と仮定しよう。そこで何が起きるか？　生産に予定されている資本の増大、働き手に対する需

要の拡大は、不可避的に労賃の上昇を引き起こさざるを得ない。労賃が高ければ高いほど、機械による労働者の置き換えはより有利である。それ故、高度に発展した産業を有する国における労賃の上昇はより大規模な機械の利用を引き起こさざるを得ない、すなわち、不変資本の労賃に対する関係は、変化せざるを得ない。生産の拡大が必要とされている方面で、機械の助力を伴う労働は、手労働に比し、10％高くつくとしてみよう（検討中の場合、機械の導入は、技術の進歩によってではなく…それは不変である…、手労働の〔報酬の〕騰貴によって条件づけられている；それ故、我々は、機械労働が手労働より儲かると仮定する権利を有しない、ということを忘れてはいけない）。労賃の上昇が10％に達する場合、労働者の不足を機械で補うことが可能となろうし、さらなる労賃の上昇は止まるであろう。

　そこで、我々は、自己の利潤の半分を資本化しようと欲している企業家は、そのことによって10％の労賃の上昇を引き起こし、そしてこうした高労賃のもとでは新しい機械を生産に導入することが儲かると見なす、と仮定しなければならない。そのうえ、資本蓄積を可能にするためには、我々は、国民的生産の配分をすっかり変えなければならない。新しい機械で働き始める以前に、それらを成し遂げなければならない。以下に掲載されている表式は、労働者数は変わらず個々の10％の労賃上昇は新たな機械の使用を可能にするという前提での資本の蓄積と生産の拡大を示している。第１年目の不変資本と労賃の総額は表式 No. 1 におけると同様である。まったく同様に、我々は、第１年目の間には生産は表式 No. 1 におけると同様の技術的基礎上でなされるとしなければならないというのは、この期間においてはただ引き続く生産拡大の準備がなされるにすぎないのであるから；それ故、第１年目の利潤率も表式 No. 1 におけると同様であり、不変資本と労賃の関係も以前のままである。表式 No. 3 の第１年目が表式 No. 1 のそれと相違する唯一のことは…生産の異なる配分である。

表式　No 3

労働者数不変および技術構成不動のもとでの資本の蓄積

全不変資本＝1,200 第1年目に消費された不変資本； 　（240＋110＋50）＝400 あるいは 　（1,200×1/3）＝400 第1年目に消費された労賃； 　（120＋55＋25）＝200 もし労賃＝1であれば、 　全部で200人の労働者が従事 全運転資本； 　（400＋200）＝600	1年目 　240不＋120労＋120利＝480 不変資本の生産 　110不＋55労＋55利＝240 必需品の生産 　50不＋25労＋25利＝100 奢侈品の生産 1年間の全生産物の生産 　（480＋220＋100）＝800	1年目の利潤 　（120＋55＋25）＝200 あるいは 800－600＝200 全運転資本の33 1/3％の構成部分
第2年目の不変資本に対する需要 400（第1年目に消費された不変資本の補填）＋80（新たに生産に支出された不変資本）＝480 全不変資本 　（1,200＋80）＝1,280 第2年目に消費された不変資本； 　（254.8＋123.8＋48）＝426.6 あるいは 　（1,280×1/3）＝426.6 第2年目に消費された労賃； 　（131.5＋63.8＋24.7）＝220 もし労賃＝1.1 そのとき全部で200人の労働者が従事 全運転資本； 　（426.6＋220）＝646.6	254.8不＋131.5労＋112利＝498.3 不変資本の生産 　123.8不＋63.8労＋54.4利＝242 必需品の生産 　48不＋24.7労＋21.1利＝93.8 奢侈品の生産	第2年目の終わりに生産された全生産物； 　（498.3＋242＋93.8）＝834.1 第2年目の終わりの利潤 　（112＋54.4＋21.1）＝187.5 あるいは 　（834.1－646.6）＝187.5 全運転資本の29％の構成部分
第3年目の不変資本に対する需要；426.6（第2年目に消費された不変資本の補填）＋	第3年目 267不資＋143.4労賃＋102.6 　奢品＝518	第3年目の終わりにおける全生産物の生産 　（513＋266＋86.6）＝865.6

第Ⅰ章

71.7（新たに生産に支出された不変資本）＝498.8 全不変資本は＝(1,280＋71.7)＝1351.7 第3年目に消費される不変資本； 　(267＋138.4＋45.1)＝450.5 あるいは 　(1,351.7×1/3)＝450.5 第3年目に消費される労賃； 　(143.4＋74.4＋24.2)＝242. もし労賃＝1.21とすれば 全部で200人が雇用される 全運転資本； 　(450.5＋242)＝692.5	不変資本の生産 138.4不資＋74.4労賃＋53.2奢 　品＝266 必需品の生産 45.1不資＋24.2労賃＋17.3奢 　品＝86.6 奢侈品の生産	利潤； 　(102.6＋53.2＋17.3)＝173.1 あるいは 　(865.6－692.5)＝173.1 全運転資本の25％の構成部分

　この表式は以下のようにつくられている；我々は、労働者数不変のもとで生産を拡大しようとする資本家の意欲は、第2年目の間に労賃の10％の上昇を引き起こしたと仮定した；労賃のこうした上昇のもとでは利潤は対応して減少せざるを得なかった。もしも第1年目に利潤が200単位であったとすれば、20単位（すなわち1/10）の労賃の上昇は利潤を180単位にまで引き下げる。この減少した利潤は増大した資本から得られた…以前は600単位の支払いが要求されたが、今や資本の支払いは620単位（600＋20）に増大した、それ故に、運転資本に対する利潤の割合は、33 1/3％から29％に低下する（180×100÷620＝29）。それ故、第2年目の表式においては、我々は、利潤率は使われた全資本の29％であることを受け入れよう。

　第2年の初め、資本家は自己の利潤の半分を資本化して、再び生産を拡大する。このことは労賃の新たな10％の上昇と対応する利潤の低下を引き起こす。前の場合におけると同じ数字の助けで、我々は、利潤の割合が使われた全資本の25％まで低下したことを知る。第3年目においては、第2年目におけると同様、不足している労働者数は機械によって置き換えられる。

63

表式 No.3、第 1 年目は、第 2 年目に生産拡大と資本家の利潤の半分の資本化が可能なためには、生産がいかに配分されていなければならないかを示している。我々は、第 1 年目の終わりに480単位の不変資本と220単位の必需品が生産されているのを見る；これらの生産物は次の年の生産拡大に必要なのである。第 2 年目の表式は、この年の生産のためには480単位の不変資本（400単位の補填に関わる不変資本および80単位の生産拡大のためのもの）と220単位の労賃が必要である；100単位の奢侈品は第 2 年目の間に資本家によって消費されるであろうが、利潤のもう半分は、不変資本と労賃に分けられよう；第 2 年目には、第 1 年目に用意された全生産物が消費されるであろうが、第 2 年目の利潤率は労賃上昇のせいで低下するであろう。

第 2 年目の終わりには第 1 年目の終わりに比して、34.1単位多い生産物が生産される；資本家は、以前のように自己の利潤の半分だけを消費し、他の半分を生産拡大に支出する。第 3 年目の表式から、第 2 年目の間に生産されたすべての生産物が 3 年目の間に自己の販路を見いだすことは明らかである。この年、498.3単位の不変資本と242単位の労働者用必需品が必要とされる。どちらの生産物の数量も前年生産されたものとちょうど同じである。このように、第 2 年目に生産された不変資本と必需品は、 3 年目の生産によって消費されるが、93.8単位の価値のある奢侈品は資本家自身によって消費される。第 3 年目の利潤の割合は、新たな労賃の上昇のために、さらにいっそう低くなる。

我々は、さらなる分析を続けない。我々が仮定した生産条件のもとでは、 1 年の間に準備された商品は、常に余ることなく次の年に消費されることは明らかである。しかし、利潤率は下がりに下がり、そしてついにはまったく消えてなくなるであろう。そのとき、資本蓄積は、もちろん停止する、何となれば、資本を生産に支出しても何らの利益にもならないのだから。しかし、資本蓄積の限界は、商品に対する需要の不足に

よって画されているのではなく、一国の生産力の不足によって画されているのである；働き手の不足は、利潤をなくしてしまう労賃の上昇の原因である。

表式 No. 3 は、労働者数不変のもとでの資本蓄積を示しつつ、容易に逆説と映るであろう次の重要な命題…国民所得の動きは国富の動きと常に連動するものではない…を証明している。たとえば、第１年目の終わりには全部で800単位の価値のある商品が生産されたが、第３年目の終わりには…865.6単位である。国富は８％以上増加したが、国民所得は400（利潤200＋労賃200）単位から415.1（利潤173.1＋労賃242）単位でわずか３％余りの増加である。しかし、この場合、国民所得は国富よりわずかであるとはいえ、ともかくも増加する。これが不合理に見えないのと同様に、他の場合においては、国富の増大が国民所得の絶対的減少を引き起こすかもしれない。こうしたことは、正に、生産技術の進歩が資本蓄積より速い場合に起きるが、後者の場合を構成するのも、以前のすべてのものと同様に、我々が考察している、資本蓄積なのである。

生産技術の進歩のおかげで、総生産費に占める賃金の割り当ては低下せざるを得ない。手労働は機械に置き換えられざるを得ない。（初めの２つの表式でもしたのと同様に）初年度の労賃の額は不変資本の生産に支出された総額の1/6であり、第２年度は、技術進歩と機械による労働者の置き換えのため、割り当ては全不変資本の1/8に、引き続いて1/10、1/13等々へと低下すると仮定してみよう。さらに、その際各個の労働者の貨幣賃金は、低下せず不変のままにとどまると、すなわち、個々の労働者は機械との強まる競争にもかかわらず、以前と同様の額を受け取るものと仮定しよう*。この場合、使用された全資本に対する利潤の割合は不変にとどまる**。

＊我々はこのことを考察の簡略化のために仮定するのだが、もしも反対のよりありそうな仮定（機械との競争の影響のもとで労賃が低下するということ）を採用したときには、国民所得の必要な縮小がいくぶん大きくなるであろう

65

ことは、明らかである。

＊＊マルクスの理論に厳密に従えば、この場合利潤率は低下すると仮定すべきであった（この仮定はただ我々の今後の結論を補強するはずである）。が、我々には、リカードの理論に従って、次のように考えるのがより正しいように思われる、生産費用全般に占める労賃部分のいかなる変化も、賃金水準（消費材ではなく価格単位で表現された）が不変であるのなら、利潤に影響を与え得ない、と。

表式　No 4
生産技術進歩下での資本の蓄積

全不変資本＝1,200
1年間に消費された不変資本
（266.7＋83.3＋50）＝400
あるいは
（1,200×1/3）＝400
1年間に消費された労賃
（133.3＋41.7＋25）＝200
全不変資本の1/6を構成
（1,200÷200＝6）
もし労賃＝1であれば、
全部で200人の労働者が従事
全運転資本は
（400＋200）＝600

1年目
　266.7 不 ＋133.3 労 ＋133.3
利＝533.3
不変資本の生産
　83.3不＋41.7労＋41.7利＝
166.7
必需品の生産
　50不＋25労＋25利＝100
奢侈品の生産

1年の終わりの生産された全
生産物
　（533.3＋166.7＋100）＝800
1年間の利潤
　（133.3＋41.7＋25）＝200
あるいは
　（800－600）＝200
全運転資本の33 1/3%を構成

第2年目の不変資本に対する
需要；
400（第1年度に消費された
不変資本の補塡）＋133.3（再
び生産に支出された不変資本）
＝533.3
全不変資本
　（1,200＋133.3）＝1,333.3.
第2年目に消費された不変資
本；
　（309.5＋79.5＋55.4）＝444.4
あるいは
　（1,333.3×1/3）＝444.4
第2年目に消費された労賃；
　（116＋29.8＋20.9）＝166.7

　309.5不＋116労＋141.7利＝
537.2
不変資本の生産
　79.5不＋29.8労＋36.3利＝
145.6
必需品の生産
　55.4不＋20.9労＋25.4利＝
101.7
奢侈品の生産

第2年目の終わりに生産され
た全生産物；
　（567.2＋145.6＋101.7）＝
　814.5
第2年目の終わりの利潤
　（141.7＋36.3＋25.4）＝203.4
あるいは
　（814.5－611.1）＝203.4
全運転資本の33 1/3%の構成
部分

全不変資本の1/8を構成
　(1,333.3÷166.7＝8)
もし労賃＝1ならば
そのとき全部で166.7人の労
働者が従事
全運転資本；
　(444.4＋166.7)＝611,1

第3年目の不変資本に対する
需要
444.4（第2年度に消費され
た不変資本の補填）＋122.8
（再び生産に支出された不変
資本）＝567.2
全不変資本
　(1,333.3＋122,8)＝1,456.1
第3年目に消費された不変資
本；
　(348.6＋75.8＋61)＝485.4
あるいは
　(1,456.1×1/3)＝485.4
第2年目に消費された労賃；
　(104.6＋22.7＋18.3)＝145.6
全不変資本の1/10を構成
もし労賃＝1ならば
そのとき全部で145.6人の労
働者が従事
全運転資本；
　(485.4＋145.6)＝631

3年目
　348.6 不 ＋104.6 労 ＋151.1
利＝604.3
不変資本の生産
　75.8不 ＋22.7労 ＋32.8利＝
131.3
必需品の生産
　61 不 ＋18.3 労 ＋26.4 利 ＝
105.7
奢侈品の生産

第3年目の終わりに生産され
た全生産物；
　(604.3＋131.3＋102.7)＝
　841.3
第2年目の終わりの利潤
　(151.1＋32.8＋26.4)＝210.3
あるいは
　(841.3－631)＝210.3
全運転資本の33 1/3%の構成
部分

　我々は、この表式の分析に関して詳細を述べるつもりはない。というのは、読者は、おそらく、すでにこうした表式の作成方法ほとんど我がものとしておられるであろうから。ただ、表式No4からは、国民生産の増大と同時の国民所得の絶対的減少の可能性と、さらに、それが商品の需給バランスのいかなる崩壊をも伴わないということが明白にわかる、ということを指摘しておこう。

　第1年目の国民生産総額は800単位価値に等しく、全国民所得は400単位（利潤200と労賃200）に等しい；第3年度、国民生産総額はすでに

841.3単位に達していたが、国民所得は低落し400単位ではなく、355.9単位（利潤210.3＋労賃145.6）にとどまった。言い換えるなら、国富は５％増加したのに、国民所得は11％低下した、そしてそれでもやはり、全商品に対する需要は供給と等しい。

国富（国民が所有する価値を有する物品総体はそれで表されなければならない）と国民所得（国民的資本を減少させることなく住民により消費されうる一国の国富の一部分はそれで表される）の概念を厳密に区別することが必要である。国民所得の総額は減少し得るが、商品に対する需要は増大し得る；一見逆説的に見えようが、一国はより豊かに成りうるが、他方、国民所得は減少しうるのである。実際、これは逆説でもあるのであるが、我々により捏造されたものではなく、ただ、今現在支配的な国民経済の組織に固有の逆説なのである。すべての生産の目的は所得にある；まったく同様に資本制的生産も所得の増大に努めているが、しかしただ、資本家の所得の増大のみである。生産手段が生産者の手にある社会では、自己の所得を増大しようとする相異なる各個の生産者の努力が、一国の全国民所得の増大を促進する；これに反して、生産の指揮監督権が社会のただ一つの階級に属している資本制社会においては、この階級は、総国民所得を減じつつ、同時に自己の所得を増大しうるのである。全問題は次の点にある、すなわち、国民生産を規制している資本家の目からすれば、労賃、すなわち、社会の所得のより大きな部分は、所得ではなく資本を構成するのであって、この資本は利益を伴って、他の資本…機械と交換されうる。それ故、資本制社会においては、生産総額と社会的支配階級の所得が増大しているときに、同時に住民総体の所得の低下も可能なのである。

我々が考察した資本蓄積のすべての場合において、国民消費の減少ないし国民所得の縮小にもかかわらず、商品の需要は、その供給の増大に並行して増大した。しかし、すべての商品の供給が需要を超過するという商品市場の状況も推察できよう；たとえば、次のように仮定してみよ

68

う、すなわち、生産は働き手の不足と新たな機械を生産に用いることが不可能な故に拡大され得ず、同時に資本家も労働者も自己の消費を減らそうと欲している、と。もし我々が表式1において、生産は拡大できず、実は資本家も労働者も自己の所得の半分だけを消費しようと決めていると考えると、次のことは明らかである、すなわち、価値の面で国民所得の半分に等しい商品総体は、過剰に生産されていることがわかり、国民的生産の配分のいかなる変更も、これらの商品にとっての市場をつくり得ない。この場合、我々は、マルサスやチャーマズの認識と同じ意味での商品の全般的過剰生産を有するであろう。かかる場合は、リカードによって指摘されているが、彼は、我々が以前述べた命題、生産の限界は一国が所有する生産力の大きさのみと見なされるという命題に例外をもうけてはいない、けだし、その場合、商品の過剰生産は、生産のそれ以上の拡大の不可能性の結果だからである。もしも生産がいかなる原因によるにせよ拡大され得ないならば、そのときには、現実に、資本の蓄積および資本の貯蓄は、逆の結果を…商品の過剰生産とそれに引き続く生産の縮小と資本の減少を導くであろう。

　ということで、我々は結局以下の結論に到達する；商品の需要は生産それ自体によってつくり出される、そして、生産力の不足を除けば、生産拡大のいかなる外的な制限も存在しない。生産力の蓄積が十分大量に存在するだけで、生産の拡大はいつでも可能であり、新たな資本には投資先が見つかる。利潤の大きさは資本蓄積のスピードとは必然的な関係がない。

　我々の分析の結果、我々はかかる結論に到達する。セイ‐リカードの学説は、理論的に、まったく正しい；もしもその反対者たちが、資本制生産においては商品がいかに配分されるのか、数字まで考慮する労をとっていたならば、彼らは、かかる学説の否定は論理的な矛盾であるということに気がついたことであろう。それでもなお、セイ‐リカードの学説は、今日に至るまで、多くの優れた経済学者たちによって頑強に否定

されてきた。

　我々の意見では、この不思議な状況は次のように説明される；その全理論的正さにもかかわらず、セイ‐リカードの学説は、現実生活の入り組んだ現象に適用される際に、非常に安易に誤って説明されてきたようである。かかる誤った解釈の一例は、ミルの『経済学原理』の国民生産における資本の役割の説明に捧げられた章全体である。ミルの第1定理は以下のようである、すなわち、生産の大きさは資本の大きさによって規定される。この定理は、我々が先に証明しようとした命題、…すなわち、生産はそれ自身自己の需要をつくり出すからの自然な帰結のように見える。しかし、我々の全学説は次の仮定に立脚していることを忘れるべきではない。すなわち、国民的生産の配分は市場の要求に厳密に一致しており、商品流通の全過程は同一の国内で行われているという仮説に立脚していることを。

　そこで我々は、まず第一に次のように仮定したのであった。すなわち、企業家は生産を始めるより先に、市場の要求に関しても各個の産業部門の生産量に関してもきわめて正しく正確な知識を有している、と。さらに、我々は、一つの生産部門から他の部門への資本の移動は、企業家の望み通り何らの障害もなしに行われると仮定した。すべてこれらの仮定が現実と一致していないことは、明らかなことである。現実には、自由競争の支配下では個々の生産者は将来の生産の量を決して知ることはできない。将来の需要量を算定することはより困難である、何故ならこの需要は、当該時にはまったく存在し得ない諸契機によってしばしば規定されるからである。たとえば、上で検討した資本蓄積の場合（表式No. 2〜4）、我々は、商品に対する需要が供給に等しくなるような生産配分の可能性を立証しようと努めた；しかし、1年後に奢侈品の需要が半分に減り他の商品の需要が対応して増加するといったことを、企業家はいかに知りうるのか？　奢侈品の生産者ばかりでなくその消費者自身も、自己の所得のどのくらいの部分が貯蓄され、どのくらいが私的な消

費に支出されるのか前もって知りはしない。そうしたことは、前もって予測することが不可能な数多くのさまざまな事情に依存する。「産業の歴史においては、その何らかの部門が生産や販売の不正常な条件によって損失をこうむらなかったそうした時機はない。産業は未知の需要の要求と不確かな供給の変動の不断の戦いである」

  *R. Moffat モファット、The Economy of Consumption, 『消費経済論』114頁

　最後に、我々はもう一つきわめて重要な仮定をなした、それは多くの国の、なかんずく英国の経済条件とは一致しないものであった。すなわち、我々は、国内交易における商品流通過程を検討した；我々は、すべての商品の売り手は受け取った貨幣で他の商品を購買するが、その商品は同一国内で生産されたものであると仮定した。しかし、一国が商品を外国から輸入するとした場合、何が起こるのか？　この場合、外国製品の購入に支出される購買力は、明らかに国内市場から取り除かれる。もし、たとえば表式No. 1で、国の不変資本を生産している資本家が、土着産業の生産した奢侈品を購買したがらず、外国へ注文し始めたとしたら、奢侈品の生産者は自己の生産物に対して国内市場を見いだせないであろう。需要と供給のバランスはいかにすれば回復されるのか？　いかに資本の配分を変更しようと、いずれにせよ、外国から輸入された商品の価値と等しい商品部分は過剰なままにとどまろう。明らかに、この場合2つの結末だけが可能である；一国の資本の一部は、国内市場の内部では投資先を見いだせないので、あるいは、外国へ行くであろう（そして、そこで、せめて同じ奢侈品生産の仕事にでもありつき、そしてその奢侈品は諸外国によって本国資本で生産されるようにもなるであろう）、あるいは、同じ過剰な商品それ自体が外国に進路を切り開き、国外市場に販路を見いだすであろう。

　しかし、第2のものはいつも多少とも疑わしい、というのは、諸外国による当該国商品への需要は、外国商品への自国の需要の増大と、必ず

並行して増大しなければならないということではまったくないからである。それ故、《外国から商品を輸入する個々の国においては、資本は過剰であり得る；かかる国にとっては、国外市場は無条件に必要である》。

我々の見るごとく、商品の需要は供給の増加に比例して増加するという我々の仮定は、現実には決して観察されることのない理想的な諸条件のもとにおいてのみ完全に実現される。しかしこのことから、我々の推論は現実とまったく適合しないということにはならない；全然違うのであって、それらなしにはこの現実がまったく理解できなくなってしまうであろう。我々は、理想的諸条件下で資本の流通がどう行われるかを示した；現実がこれら理想的諸条件と近ければ近いほど、市場に対する我々の知識がよりしっかり、さらにはより深ければ深いほど、そして生産に対する我々の支配力が大きければ大きいほど、我々が資本をある産業部門から他の部門へあるいはある国から他の国に移動するのが容易であればあるほど、現実の資本流通と我々により先に表式形態で表現されたものとはますます一致する。しかし、最も好都合な場合でさえ、現実は理想と遠く離れて存在する、そしてそれ故、理論で前提された需要と供給の同等性は現実にはどこにも存在しない。

このことはミルによって見逃されている、彼は次のように言っている、すなわち、若干のとるにたらぬ例外を除いて、一国の現実の生産の大きさは常に資本のそれと釣り合っている、と。この定理から彼はきわめて重要な実践的結論を下す；たとえば、彼は商品需要の単なる拡大による生産拡大の可能性を否定するが、これは保護主義に反対するミルの重要な議論の一つであった。しかしそれと同一の章でミルは破壊された資本の回復の容易さに関するチャーマズの議論を繰り返している。チャーマズは、ウィットを交えながら、国民的生産は資本の大きさには少しも依存せず、ただ需要の大きさにのみ依存するということを証明している。彼は周知の事実を引き合いに出す、すなわち、産業国家は最も厳しい戦争に容易に耐える；巨大な資本の不生産的目的への支出は、恐らく一国

のすべての資本を完全に滅ぼそうが、他方で国は驚くほど容易にこれらの損失を回復し、若干の時を経て以前にもまして金持ちになる。このことは、一国の経済全般に資本が大した役割を果たしていないということの証明の役目を果たしてはいないのであろうか？　この結論こそはチャーマズもまた与えたものである。ミルは、驚くべきことに、チャーマズとまったく一致しておきながら、国民生産の大きさは資本の大きさに規定されるという自身の以前の見解にとどまっている。

　現実には、国民生産は、一国が所有するすべての資本の大きさに達することは決してない。資本の一部は、生産された全商品にたいする市場を見いだすことの困難さ故に、常に、遊休状態に、生産に充用されない状態にとどまっている。富んだ国も貧しい国も、活発な交易がある国もない国も、すべての国において、商品は若干の期間、購入者の予測のもと、店や倉庫や納屋に使われずにある。商品が倉庫に見られる間、それは国にとっては有用性を欠いているのであって、あたかもまったく存在しないかのようである。換言すれば、社会は常にその時々必要とされるより多くの商品を所有しているのである。もしも購入者の予測のもと無為に横たわっているすべての機械、原材料、他の商品が生産に使用されるとすれば、疑いもなく生産は大いに拡大可能なのである。ではなぜ生産は拡大しないのか？　資本不足の故ではない、そうではなく、商品に対する需要が活発ではないからである。工場その他の産業施設は、常にあるいは、ほとんど常に操業していないか、時間いっぱい、あるいは目いっぱいの規模では操業していない…その理由はまたしても、彼らには資本が十分でないからではなく、彼らがつくりうる商品の量に対する販路が見いだせないからなのである。彼らに十分ではないところのすべて、それは…需要である。

　しかし、資本制諸国においては同一の理由により常に過剰人口が…働く能力をもち、仕事に〔ありつきに〕出かけるが、需要不足により仕事を見つけられない自由な働き手が、存在する。

需要の追求、市場の追求、購買者の追求、こうしたことは、ただ、現実に目をつぶる場合にのみそれを否定し得るであろう現代国民経済の特質なのである。発展した産業を擁する諸国で過剰資本のタンクの役割を果たしている銀行にあって、資本の一部は常に投資されないままである；投資先を探し求める一国の自由資本の量は、商品の供給が需要を凌駕するのと同様に、商人と産業家の側でいつも資本需要を凌駕する。すべての需要の増加は、商品と資本のより活発な流通を即座に引き起こし、生産的に充用される資本量を増加し、生産の増大を引き起こす。したがって、一国の資本が以前のままにとどまっていれば国民生産は増大し得ないというミルの所説は、すべての国々が、すでに生産に投資した量より以上の資本を所有するという理由で、まったく正しくない。すべての資本主義国には、ただ需要不足の故に生産的には利用されない、過剰資本と過剰人口が存在する。

　英国産業史の叙述の際に、我々は英国製品への需要が増大したときに、いかに急速に英国の生産が拡大したか、商業が停滞したときに、いかに大きくそれが縮小したかをみた。これらすべての変動の原因は英国国民資本の変動にあるのではなく、需要の変動にある。

　J. S. ミルの資本に関する学説は、国民生産に於ける需要の意義をまったく無視している。しかしながら、現実には、どんなときにも、資本に富む諸国（たとえば英国のような）の国民生産の大きさを規定するものは、商品に対する需要の大きさに他ならない。もしも、何らかの条件の影響で、英国で奢侈品に対する需要が増大したとすれば、そして、英国においてより浪費的な生活様式が慣習として広まったとすれば、その第一の帰結は、生産の縮小（セイ‐リカード学派がこれを仮定しているように）ではなく、まずは一つの奢侈品の生産拡大であり、そしてその後の他の商品の生産拡大であろうことには疑いを得ない。このことの最良の証拠としては、戦争への支出と同様、不生産的支出によって引き起こされた産業の活性化が役立ち得るであろう。

古典派経済学者の理論では、産業生活のこの種の現象の説明が与えられていないばかりか、その可能性さえまったく否定されている。疑いもなく、こうした状況はまた、抽象的な考察には興味はないが具体的な現実の解明は追い求める経済学者の目には、上述の理論の信用を失墜させるものであった。抽象理論は、恐らく現実と矛盾し、そしてそれは根拠のないものと宣告された。にもかかわらず、理論はまったく正しかったが、しかし、具体的事実の解明のためのそれの適用が正しくなかった。

将来の需要量…それを満たすために産業は活動しているわけだが…をいくらかでもはっきりと知ることがまったく不可能なもとでは、そして、国民経済を計画的に運営する何らかの組織もないもとでは、生産の拡大は最高度に困難な問題である。もし、生産が拡大しないなら、資本の流通は比較的容易に行われよう、というのは、人間の生理学的欲求は年々そう変わるものではなく、不動の生産状況のもとでは、その充足手段は拡大されないのだから。かかる場合、商品の供給は、多かれ少なかれ需要と釣り合っていよう、というのは、どの要素も変化を被らないのであるから。

しかし、国内で貯蓄に対する意欲が出現し、資本家が資本を蓄積し生産を拡大しようと欲した、と仮定しよう。生産の拡大は、もしそのために必要な生産力が存在していれば、いつでも可能であるが、しかし、その実現のためには、相異なる産業諸部門間に厳密に一定の比率で資本を配分することが必要である。何らかの資本の配分すべてがその目的を、即ち資本蓄積を達するわけではなく、若干の商品の過剰生産へ行き着く場合もある、他方、すべての産業部門には相互に密接な関係があるから、実際には「商品の全般的過剰生産」と呼ばれる市場の状況がそれに引き続く；商品市場は販売されない商品で塞がれ、それら商品の価格も下落するであろう。

もし我々が、一般法則として、すべての商品に対する需要はいつでも供給によって完全に満たされているということを思い出すならば、新た

な投資の困難性は、明らかである。モッファトがきわめて正しく指摘しているように、自由競争に基礎をおく資本制生産においては、供給は常に需要に対してアグレッシヴに作用する、供給は常に需要の先を行く；現代の企業家の課題は、生産物の製造にとどまらない；そうではなく、現代の生産者は、競争に強制されて、自己の生産物の販路拡大のためにあらゆる可能な手段をとる。これがため、現代の生産者は宣伝に訴え、どこであれ自己の代理人に発送し、購買者の想像力に影響を与え、購買者を安値で誘惑しようと努める、一言で言えば、〔財〕力がある限り、購買者を追い回すのである。*

> ＊現代の商品販売組織のすばらしい記述、R. Moffat. モファット、The Economy of Consumption『消費経済論』第 2 巻、第 2 章「分配に与える過当競争の影響」、参照。

　これらの諸条件のもとでは、ただ例外的場合においてのみ、長期的な需要不足が存在しうるのである。いよいよ、需要が供給と等しいよりはむしろそれを凌駕するときには、新しい商品のための市場が見いだされなければならない。*何らかの産業部門に投資された資本は不可避的に過剰生産に行き着く、何故なら、以前の商品が十分需要を満たしているのであるから。新たに製造された商品のための市場が出現するためには、投資先を探し求めている資本が、産業の全一連の部門間に一定の比率で配分されることが必要である；もしこれがうまく果たされるならば、需要の拡大は供給の拡大と釣り合い、そして生産者に損害を与えることなく生産は拡大する。だが、いつもこうした成功を当てにすることは可能なのであろうか？　明らかに事態は、否である。

> 〔＊この一文、前後関係から「需要」と「供給」が逆になっているものと思われる。〕

　産業家により取得された利潤の余剰の蓄積によって当の産業家により

形成される一国の年々の貯蓄部分は、この貯蓄が出現した正にその同じ産業部門に比較的容易に投資先をみいだす。相異なる産業諸部門への資本配分のプロセスは、この場合、自動的に行われる…全一連の産業部門で生産が拡大する、そのなかでも最大なのは、利潤が最高であった部門、すなわち、需要が最も満たされなかった部門である。しかし、直ちに投資先が見つかるが故にほとんど貨幣市場へは入ったこともないこうした産業貯蓄以外に、たとえば英国のような、すべての豊かな国は、一部は何らかの理由によって所有者によっては利益を伴っては投資され得ないものからなり、一部は他の社会的諸階級…ほとんどは貨幣資本家階級…の貯蓄、より正確にいえば、余剰からなっている、巨大な量の自由資本を所有している。この自由資本は、産業のある特定の部門とは関係を有さず、どん欲に有利な投資先を探し求め、常に生産に流れ込んでいる。これら資本の配分は、複雑で困難な過程であり、普通は一国を商品の過剰生産および産業恐慌に導く。

　すべてを述べた後では、上で示された、商品の供給が需要に厳密に等しいような生産配分の可能性（一産業部門から他の部門および一国から他国への自由な資本移動という条件の下での）にもかかわらず、何故、現実の生活においては生産の拡大はきわめてしばしば需要不足のために達成不能なのかは、まったく明らかである。突然、何でもよいが何らかの原因で（たとえ不生産的消費の増大の結果であれ）商品に対する需要が拡大したときにのみ、生産は容易にそして困難なく拡大するのである。需要の増大は、生産の拡大にとっては代え難い刺激なのであり、それはきわめてしばしば一国の経済状況を安定的な改善へと導く。

　このことから、マルサスとチャーマズが正しく、そして、社会の不生産的階級の消費が国内産業にとって有益である、あるいは必要不可欠であるということになるのであろうか？　否である、我々の意見ではこれらの経済学者はまったくもって正しくない。問題は、需要増大の当の過程が国民経済に与える影響とさまざまな階級の支出から構成されるいつ

77

もの需要が与える影響とを区別する必要があるということである。もしも一国の富裕階級が自己の利潤のすべてを奢侈品に支出することを決めたとしよう、この需要拡大によって生み出される第一の影響は、交易の活発化と、以前には有利な投資先を見いだせなかったすべての余剰資本、自由資本の生産による急速な吸収である。生産は拡大するが、しかしすぐに限界に行き着き、さらには拡大しない、というのは、需要の増大は必然的に短命であるのだから。以前より多くを消費し、より少量を貯蓄するなら、富裕階級は、年々の自己の需要を拡大する可能性をもたない；彼らの所得は拡大しないだろうし、したとしても比較的ゆっくりだろう、したがって、富裕階級自身の需要は増大しないであろう。需要の性格に応じて、生産は多少とも贅沢かつ不必要な対象物の製造に振り向けられるが、それらは人口中の勤労者階級によっては利用され得ないものである。

　今度は、もしも富裕階級が、奢侈の増大の代わりに自己の資本の増大および利潤の蓄積に意欲をもちはじめたら、何が起こるであろうか、見てみよう。豊かな階級の貯蓄に対する強められた意欲によって商品市場に生み出された第1の影響は、かんばしいものではない；多くの商品の需要は減少せざるを得ず、一国には、投資先を求める多くの自由資本が蓄えられよう。しかし、資本家が自己の意欲に関し意地を張り続け、消費を厳密な必需品に制限するならば、生産は、結局、需要の新たな条件に順応するであろう；自由資本はしかるべき比率で相異なる産業諸部門間へ配分され、資本は蓄積され始めるであろう。もしも、一国で一定の資本蓄積年率が定まり、その際働き手の不足はないとすれば、資本の年々の配分を変更すること、および相異なる諸商品の間での新たな比率を探し出すことは決して必要ではない（これを探し出すことのうちに全困難が存するのである）。この場合、相異なる産業諸部門に投資された資本の相対的な量は不変のままであり、ただその絶対的な総額のみが増大するのである（参照、表式 No. 2；全3年間を通じ、不変資本、奢侈品

および必需品の関係は…同じである）。

　このように、数年を通して、国民生産は、第1の場合よりかなり拡大するであろう、そしてそのうえ、それは、第1の場合よりかなりの程度、必需品および有用物の製造に向けられることであろう。商品の需要は、結局、第1の場合より第2の場合のほうが多いであろうが、商品はただ別様に…すなわち奢侈品ではなく必需品が生産されるであろう。これに対応して、消費階級も同じではない；第1の場合は豊かな階級の消費が優位を占めていたであろうが、第2の場合は…労働者の消費が優位を占めるであろう。

　そんなわけで、上で述べたすべてのことを総決算して、我々は以下の結論へ到達する；しかるべき生産配分のもとでは、商品に対する需要と供給の完全な一致を達成することは常に可能である。生産はそれ自身商品の市場をつくり出すのであって、それには他のいかなる市場も必要ではない。しかしながら、国民経済の現存の組織および、とりわけ、自由競争の支配は、生産の拡大と国民的富みと資本の蓄積の過程をきわめて困難にする。

　これらの基本的前提を確認したので、我々はさらに先へ進もう。*

　　*以下のことに注意を促したほうがよいかもしれない、すなわち、以上に述べ
　　たことはすべて、交換経済における資本流通に帰すことであって、自然経済
　　〔＝物々交換〕におけることでは決してない。自然経済が支配的な国におい
　　ては（そうしたものは最近までロシアに存在したし、かなりの程度今のロシ
　　アにも残っている）資本制生産の成長は、恐らく交換される生産物が《もっ
　　ぱら》市場めあてで生産されるという条件下での生産拡大の困難性から流れ
　　出すところの上述の障害には直面しないであろう。

第Ⅱ章

恐慌理論…現行理論の批判…生産部面の攪乱を恐慌の原因として提示している理論（セイ、リカード、ウィルソン、バジョット、ジェヴォンズ、エンゲルス、マルクス、カウツキー）、交換部面のそれ（ラブレー、ジュグラー、ミルズ）、国民所得の分配部面のそれ（シスモンディ、デューリング、ヘルクナー、ロードベルツス、ミル、ジョージ）…小括

前章において、我々は現代国民経済における市場の意義を明らかにしようと努めた；そのため我々は、すべての恐慌理論の基礎をなすところの問題、商品の全般的過剰生産の可能性の問題を詳しく調べた。今や我々はさらに前へ進み、産業恐慌…その歴史（英国にとっての）は本書の第１部で与えておいた…と称される国民経済の周期的大変動の研究に取りかかることができる。

相異なる経済学者たちによって、我々の興味を引く現象の全一連の説明が提出された。これらの説明、すなわち、恐慌理論は、恐慌の発現がその作用に帰せられる最も重要な諸事実によって、若干のグループに分けられうる。ということで、一つの理論は商品の生産部面の攪乱を恐慌の原因として提示しており、他は…交換部面の攪乱を、三つ目は…国民所得の配分と消費をそうしていものである。今や我々は、これらの諸理論の検討に移ろう。

1）恐慌の原因を生産部面の攪乱と見る理論

　前章において我々は、セイ‐リカード学派とマルサス‐チャーマズ学派の間の商品の全般的過剰生産の可能性に関する論争の内容を述べた。第1の学派に属する書き手たちが、産業恐慌の発生を国民生産の配分の不比例〔直訳すると「誤まった配分」以下同じ〕によって説明していることは、至極当然のことである。J. B. セイは、産業恐慌は商品があまりに多く生産されたからではなく、ちょうど反対の原因で起きる；若干の商品の販売不能は、他の産業部門の商品の不十分な生産によっている、と述べている。本質的に商品の全般的過剰生産は如何なるときにも存在しない。この確認として、セイは1812‐13年の産業恐慌の例を挙げている。当時、工場主たちは、交易の不振と商品に対する需要の欠如にあちらこちらで愚痴をこぼしていた。実際、工場生産物、とりわけすべての種類の布地は価格を大きく下げ販路を見いだせなかった；が、そのかわり農産物…穀物、肉および全植民地商品は、度を超して価格を上げ、それらに対する需要は供給を凌駕した。このように一商品の生産過剰は、他の商品の生産不足によって償われる。[*]

　D. リカードは、産業恐慌をきわめて多種多様な原因に依存する交易の大変動と見なした。彼の時代の出来事の影響のもと、リカードは、戦争の勃発や平和の終焉によって生み出された交易の混乱を特に時間をかけて研究した。リカードの言によれば、これらの混乱はすべて、需要条件の変化に依存しており、その産物があまり必要とされなくなった産業部門から、その産物がより大きな需要を得ている他の産業部門へ、資本が移動しきらないうちは、継続する。[**]

　　＊Cours d'Économio Politique Pratiwue, 39頁
　　＊＊Зибер　ジーベル編、『デイビッド　リカード著作集』、『経済学原理』第19章「貿易方面に於ける突然の変化について」〔『経済学および課税の原理』、第19

章〕

　セイとリカードの学派が書いていた当時は、産業恐慌は未だ新たな現象であり、それ故それらを単なる偶然事と見なすことも容易であった。引き続く諸事件は、産業恐慌は外的原因に依存する商業の偶然的な大変動ではなく、それらは現代国民経済の独自の特質であり、国の産業と交易の発展にとって最も都合のよい条件のもとにおいてさえ、正確な周期で繰り返されることを証明した。産業恐慌および商業停滞期への回帰の不変の原因はセイやリカードによっては指摘されていない。恐慌時には一方の商品の価格下落と並んで、他方の商品の価格上昇を心にとめておかなければならないというセイの議論は、ただ、交換経済に於ける産業部門間および全商品の価格間に存在する密接な依存関係のセイによる不十分な認識を示すものにすぎない。

　一般に、もしも国民的生産の不比例を産業恐慌の原因と見なすのであれば、何故生産は、驚くべき周期性で繰り返されるまさに一定の時期に不比例に陥るのかを指摘せねばならない。産業恐慌の原因を明らかにすることの全困難はまさにここにある：各個の恐慌は、普通、あれこれの原因によって容易に解明されうるが、何故英国産業は10年ごとに商業の繁栄期と停滞期を味わうことになるのか…この問題に対しセイ‐リカードの理論は何らの解答をも与えない。この理論の視点からは、産業恐慌は偶然的であらかじめ予見できない、たとえば戦争や伝染病と同じ、不幸なのである。しかし、以前説明した英国恐慌史から明らかなように、産業恐慌はすべて、厳密な一定の連続性を強めつつある、諸現象の複雑な複合体である。個々の恐慌には生産の増大と商品価格の上昇が先行する；その後商品価格は下落し、そして国の貨幣信用流通部門が完全な信用崩壊に終わる一連の変化をし始める。恐慌に先行しまたそれに引き続く貨幣市場の状況は、きわめて典型的であるから、前もってそれらを予見することは大いに簡単なことである。すべてこうしたことはセイ‐リカードの理論によってはまったく明らかにされていない、一つにはその

理論が出現した時期には産業恐慌は非常に新しく明確化されていない現象であったから、それは要求されている説明をただの一つも与えていないのである。

厳密にセイ‐リカードの視点に立ち、国民生産の不比例性でもって産業恐慌を説明する以上は、産業恐慌が正確な周期性を伴って反復されるのであれば、生産諸部門の攪乱も同じく周期的に生ずる、と結論せざるを得ない。

しかし国民生産を調節している当の企業家たちは、何故に、時たまではあるが立派に対処せず、国民的供給を需要に適応させるかわりに、すべてをもつれさせ、産業をまったくの混乱へと導くのか？　もしこうしたことが現実に起こるとするならば、企業家たちが必ずしも常に生産を調節できるとは限らないということは、明らかである。生産はどの産業部門でまったく人間の意思の調整力に従わないのか？　もちろん、農業部門においてである；一国において生産された農業生産物の数量は、気象学的要因の状態に依存して年々大きく変動する、その状態のもとでは、今にいたるまで、人間の意思は力をもたない。こうして我々は、産業恐慌反復の原因は農業部門に求めるべきであるという結論にいたる。

こうした考えは全一連の経済学者達によって発展させられた。すでに1840年、名誉ある評判を獲得した新聞『ザ　エコノミスト』の創設者ジェイムズ・ウィルソンは、我々が以前たまたま引用した『穀物法に帰せられる、通貨・商業・製造業の変動』という小さなパンフレットを出した。この非常に興味深いパンフレットのなかで、ウィルソンは、商業の活況期と沈滞期の周期的回帰について語り、この周期性の原因を、「生活必需品への支払いに入る総額の大きな変動、あるいは換言すれば、小麦価格の変動」に見ている。

* James Wilson. Fluctuations of Currency etc. London, 1840. p. 10

国民大衆の主要な支出対象をなす小麦価格の上昇や下落は、他のすべ

ての産業部門の状況に影響する、というのはまったく当然である。前章
において我々は、もしも各個の商品類の生産において、与えられた時間
と場所での需要条件に対応する一定の比例性が守られるなら、そうした
場合にのみ、商品の流通は障害なしに行われるということを立証しよう
と努めた。人々の小麦といった重要な生産物の生産不足は、即座にすべ
ての商品流通を攪乱する、何故ならば、購買手段が小麦に支出されれば
されるほど、残りすべてのもののための購買手段はますます残り少なく
なるのだから。この場合、非農業産業のすべての物品に対する需要の不
足は、農業生産物の生産不足によって引き起こされる（恐慌は商品の過
剰ではなく不足によって引き起こされるというセイの理論に従えば）。

　産業恐慌の原因は凶作である…というこの思想は、その後多くの経済
学者によって繰り返した。最新の経済学者、たとえば、W.バジョット
から示してみよう。彼の言によれば、「一つの産業部門の抑圧された状
況が他の全てに同様の状況を引き起こす最もありふれたそして最も重要
な場合は、農業であるという。２ないし３年の収穫が不満足で、穀物が
騰貴した時には、個々の産業部門が損失を被る…そして結果は、生産の
停滞、労働者と資本の就業の縮小である…穀物が長期間いつも安いまま
のときには、労働者階級は、小麦以外の別の全支出への大きな余剰をも
つ。産業用の全機械は、以前このエネルギーが最後の限界まで抑圧され
たのと同じに、エネルギーの蓄えを備えた最大限の発展への刺激を得
る。」
*

　　* Walter Bagehnte. Lombard Street. Fifth Edition. London, 1873. p. 128〔ウォル
　　　ター　バジョット『ロンバード街』宇野弘蔵訳、岩波文庫、131頁〕

　小麦価格の変動が産業の一般的状況に与える影響に関する問題は、た
だ、統計学的手法によってのみ解決されよう。このため、我々は、英国
における年々の小麦価格の変動を調査期間分（1823年〜1892年）引用し
てみよう。

英国における小麦1ブッシェルの平均価格（シリング）**

1823年	53	1833年	53	1843年	50	1853年	53
1824年	64	1834年	46	1844年	51	1854年	72
1825年	69*	1835年	39	1845年	51	1855年	75
1826年	59	1836年	49*	1846年	55	1856年	69
1827年	59	1837年	56	1847年	70*	1857年	56*
1828年	60	1838年	65	1848年	51	1858年	44
1829年	66	1839年	71	1849年	44	1859年	44
1830年	64	1840年	66	1850年	40	1860年	53
1831年	66	1841年	64	1851年	39	1861年	55
1832年	59	1842年	57	1852年	41	1862年	55
平　均	62		57		49		58
1863年	45	1873年	59*	1883年	42*		
1864年	40	1874年	56	1884年	36		
1865年	42	1875年	45	1885年	33		
1866年	50*	1876年	46	1886年	31		
1867年	65	1877年	57	1887年	33		
1868年	64	1878年	47	1888年	32		
1869年	48	1879年	44	1889年	30		
1870年	47	1880年	44	1890年	32*		
1871年	57	1881年	45	1891年	37		
1872年	57	1882年	45	1892年	30		
平　均	52		49		34		

＊マークは恐慌ないし商業停滞発生の年。
＊＊1855年まではトゥークによる；以降は Statistical Abstracts for the United Kingdom.

　もしも英国産業の変動が、逆に当の英国および諸外国における穀物の収穫の変動に依存している穀価の変動によってもたらされるとするならば、次のような状況を期待すべきであろう：恐慌に先行する活況期においては、小麦価格は低くなければならず、恐慌の年には小麦価格はにわかに大きく上昇し、商業停滞の全継続期にわたって小麦価格は対応する10年の平均水準より高くなければならない。

　現実がこうした予想を正当化するということはできない。1824－25年

の産業的活況は高い穀物価格によって、1826－28年の産業的混乱期は低い穀物価格によって特徴づけられる。30年代も小麦価格の変動と産業の変動の間の対応は、疑いもなく認められる：低い小麦価格に対応する1833－36年の産業的活況期、高い小麦価格に対応する1837－42年の商業的停滞期。40年代もまったく同様に、産業恐慌は小麦価格の大きな上昇の年に当たっている。しかしそのかわり、50年代には、産業の状態と小麦価格との間に何らかの関係を認めることは、きわめて難しい。1857年の産業恐慌は小麦価格の下落の年に当たっており、それは、最大の商業停滞期である1858年に最低水準に達した。60年代において小麦価格の動きと産業の状況の間に完全な対応が再び認められる；低い小麦価格の後に1866年の恐慌が訪れ、高い小麦価格の1867－68年は、商業停滞に随伴される。しかしその後、1871－73年の高い小麦価格の時期、英国産業は未曾有の繁栄に達する。1877年以降、小麦価格は若干の変動を伴いつつぴったり1891年まで年々規則的に低下する。80年代の年に始点と終点をもつ産業的活況は、80年代央の商業的停滞と同様、恐らく穀物価格とは何らの関係ももたない。

　しかし、周知のように、英国における穀物価格の変動は、穀物法の廃止このかた、当の英国における収穫量の変動によるよりはむしろ穀物輸出国における収穫量によって条件づけられる。低い小麦価格は英国における小麦の不作と同時に起こりうる、もちろん、こうした状況は英国農民に対してきわめて破滅的であり、それ故、英国産業全般の状況にも抑圧的に作用しないはずがない。まったく同様に、逆に、高い穀物価格も英国における豊作と同時に起こりうる。それ故、連合王国における小麦の平均収穫高のデータを引用しよう（1エーカー当たり28ブッシェルの小麦収量を100で表示）[*]

1849年	123	1857年	124	1865年	110	1873年	80
1850年	102	1858年	116	1866年	90	1874年	106
1851年	110	1859年	92	1867年	74	1875年	78
1852年	79	1860年	78	1868年	126	1876年	76
1853年	71	1861年	92	1869年	102	1877年	77
1854年	127	1862年	108	1870年	112	1878年	108
1855年	96	1863年	141	1871年	90		
1856年	96	1864年	127	1872年	92		

* James Caird. The Landed Interest, 160頁. 〔原書の表の題目は次の通り；table showing the annual yield of wheat per acre in the united kingdom during each of the last thirty years…・, reckoning 28 bushels as an average crop, and representing that by the nummber 100。原書の157頁の表によれば、1エーカー当たり28ブッシェルの収穫は、1878年のイングランドの平均収量である。〕

　1857年の恐慌は、素晴らしい豊作の年に当たり、1871‐73年の活況は凶作の年と一致する。他方、1863‐65年の産業的活況は豊作の年に当たり、1867年および1875‐77年の商業停滞はひどい凶作である。これらすべては、連合王国における穀物収穫量と穀物価格が英国産業の一般的状況に与える影響を否定はしないとしても、いずれにせよ、あれこれの現象間の必然的連関は存在しないことを立証している。英国産業発展の10年の周期、活況期と商業停滞期の規則的交替…こうしたことすべては英国における穀物価格の変動や収穫によっては引き起こされ得ないであろう、何故なら、後者双方の大きさはきわめて不規則に変動し、その変動は我々が先に示した産業の満ち干とは決して常に一致するものではないのであるから。

　このように、産業恐慌の周期性は小麦や穏やかな気候の国でつくられる他の穀類（ライ麦・オート麦・大麦の収穫は、小麦の収穫同様に変動する）の凶作の周期的な反復には依存しないであろう。とは言え、これらによっては、未だ産業恐慌と農業生産の変動との間の連関の不存在は証明されていない。英国は自国の工業生産物を大量に熱帯気候の国々へ輸出し、そして正にそこから英国は自分が必要な資源を輸入する。もしかしたらこれら後者の国々における植物生産物の収穫は周期的な変動を被るであろうが、その変動は逆に、交易を保っている産業国に影響を与

えないであろうか？

　こうした仮定に立脚しつつ、最近の最も非凡な英国経済学者の一人…スタンリー・ジェヴォンズは逆説的な考えを表明した、すなわち、産業恐慌の周期性は、太陽表面上の黒点の増加に直接的に依存するものである、と。ジェヴォンズは、至極まじめに、今、英蘭銀行の金庫の状況が監視されているのと同様に、シティーにおいて太陽の状況を綿密に監視するときがやってくるだろうと主張した。

> ＊ W. Stanley Jevons. Investigations in Currency and Finance. 論文：The Solar Period and the Price of Corn〔1875年の論文〕、ThePeriodicity of Commercial Crises〔1878年の論文〕、Commercial Crises and Sun-Spots.〔1878年11月の『ネイチャー』論文〕〔もう1本 Sun-Spots and Commercial Crises、1879年4月の『ネイチャー』論文もある〕

　ジェヴォンズによれば、商業の周期的破局は単に我々の時代に固有の現象ではない；同様の商業的活況と停滞の時期をジェヴォンズは前世紀〔18世紀〕にも発見する。彼の言によれば、英国においては過去200年間に投機の激化や商業の混乱が次の年に指摘される：1711、1721、1732、1763、1773、1783、1793、1805、1815、1825、1836 - 39、1847、1857、1866、そして1878年である。ⅩⅧ世紀のわずか2つの10年しか恐慌を免れていない（1732 - 62年）が、これも、免れたのは単に外見上のことであり、この時代の経済史に関する我々の知識の単なる不足によって説明がつくのかもしれない、と。

　もし我々が前の周期から個々の次の周期の到来を分離するところの周期の平均継続期間を計算するなら、我々は10.466年という数字を得る：換言すれば、英国においては10.466年ごとに多かれ少なかれ大きな商業の破局が起きているのである。この数字は、太陽黒点の最大数の出現周期と驚くほど一致している。後者の周期は、10.45年に等しい。両周期の間の差異はきわめてわずかであるから、まったく無視できよう。

　2世紀の間に2種類の現象が同じ年に周期的に反復出現したのだから、

89

2つの現象の一方が他方の原因ではあるまいかという考えが生ずるのは、当然である。恐慌は太陽黒点出現の原因たり得ないのだから、太陽黒点の出現が恐慌の原因であると推察する以外にはない。

　すでに今世紀〔ⅩⅨ世紀〕の初め、William Herschel は、太陽表面上の黒点の数は、気象に、したがって草木や穀類の収穫に影響を与えるという仮説を述べている。しかし、もし我々が欧州における穀物価格の変動と太陽の黒点の変動とを比べてみても、我々は両方の諸現象間に、何らの一致も認めない。ジェヴォンズによれば、この不一致の原因は、欧州における穀物の収穫と価格を決定するところの気象条件の複雑さと多様性にある。

　我々が熱帯諸国を取り上げれば、別の問題〔が発生する〕。そこでは気象条件ははるかにより単純でより変化に乏しく、それ故、そこでは、地面が受け取る太陽の熱と光の量の変化が植物に与える影響を認めることは、より容易である。Dr. Genter および他の観察者たちは、インドにおいては凶作による飢饉が周期的に繰り返されており、その反復の時期と最大数の太陽黒点の出現の時期とが一致することを認めている。このことを考慮すれば、太陽の状況と英国における産業恐慌の間の神秘的な関係を理解することも、難しくはない。

　英国の輸出の大きな部分がインドに向けられており、インドから英国には同様に植民地生産物および種々の原材料が輸入されている。豊作のときにはヨーロッパの工場製品に対する需要がインドで増大する；それらの価格は上昇し、輸入は増加し、英国においては産業的活況が始まるが、それはとりわけ外国貿易の拡張として現れるのである。インドが不作や飢饉に襲われたときには、ヨーロッパの全工場製品に対する需要は突如として落ち込む；これは英国において恐慌を引き起こす、時として英国産業は、ここから数年間回復できない、それで商業的繁栄に引き続き商業的停滞が起こる。

　次のように考えることができよう。類似の周期的不作は一人インドに

おいてのみならず他の熱帯諸国でも繰り返される、それ故、これら不作のヨーロッパ産業への影響はより激しいものになる。英国は他国より産業恐慌に苦しむ、というのは、英国は熱帯諸国とより広範な取引を行っているのだから、と。

しかし、周期的産業恐慌が太陽黒点の増加によっているといっても、このことから、産業恐慌は他の原因によっては引き起こされないということには決してならない。1798年および1811年の恐慌は政治的事件により引き起こされた。1871年の恐慌は普仏戦争の終結により引き起こされた。しかし、多少とも偶然的性格を有する恐慌は、太陽の光と熱の変動により条件づけられる国民経済の破局とは区別されてしかるべきである。

上述のジェヴォンズ恐慌論は、このオリジナリティーに富む思索家兼経済学者の通常の長所欠点によって際立っている。*ジェヴォンズの残余すべての労作同様、この恐慌論もたぐいまれなる統計的名人芸と発明の才覚を示している。産業恐慌と太陽黒点という遠く隔たった2つの現象に関連を持ち込むためには、大きく独創的なファンタジーが必要とされる。しかし他面、この理論には、…現実の事実の注意深い検討を犠牲にしての数学的抽象的体系の濫用という…ジェヴォンズの通常の欠点も示されている。英国〔産業〕恐慌の平均到来周期を計算し数字を得つつ、太陽黒点出現周期の数値に接近して、ジェヴォンズは、問題は解決され、双方の現象間の因果関係は立証されたとみなす。しかし、望ましい数字を得るために、ジェヴォンズは一連の無理を重ねなければならなかった。若干の恐慌を彼は非周期的なものとして捨て去っており、他の場合には、恐慌は、彼の理論により必要とされる一定の時期に起こると主張している、もっとも、これに対して事実に基づくいかなる立証も彼は与えていないわけではあるが。

＊この理論には支持者があった。たとえば、著名なイタリア人経済学者 Bokkardo は自己の大作 Economia Politica（Torino, 1877）においてジェヴォンズの理論を完全に受け入れ、問題の最終的解決に向け一連の天文学的・植物学的・

統計学的研究の組織化を提案している（cf K.Wasser〔r〕ab. Preise und Krisen. Stuttgart. 1889, 43頁）

　実際、ジェヴォンズによって列挙された前世紀におけるすべての恐慌のうち、疑いないものは1721年、1763年、1783年、および1793年の恐慌で、それとても1721年と1793年を除けば、非常に弱いものであった。今世紀において産業恐慌ないし商業停滞期は、実際、英国において驚くべき規則性をもって繰り返された：20年代から70年代までは、どの10年間にも産業恐慌が見られた；70年代以来、産業恐慌は長期の商業-産業停滞に席を譲った。しかし我々は、後続の個々の商業的繁栄期ないし停滞期を隔てている継続時間が同じままにとどまっている、ということはできない。たとえば、今世紀の最初の20年間には３つの恐慌があった…1810年、1815年、1818年にである；1805年には、ジェヴォンズの主張に反して産業恐慌は何ら見られなかった。先に十分確信する機会をもったように、連合王国の製造品の輸出額は、英国貨幣市場および商品市場の状況を最もよく特徴づける。それ故、我々は対応する20年間…1803年から1823年までの数値を引用しよう。

1803年	20.5	1808年	24.6	1813年	…	1818年	42.7
1804年	22.7	1809年	33.5	1814年	34.2	1819年	33.5
1805年	23.4	1810年	34.1	1815年	42.9	1820年	38.4
1806年	25.9	1811年	22.7	1816年	35.7	1821年	40.8
1807年	23.4	1812年	29.5	1817年	40.1	1822年	44.2

単位は　百万ポンド・スターリング

　1806年に英国の輸出額は増大しており。それ故、いかなる産業恐慌も1805年にはなかったことに関しては議論の余地はない；そのかわり、1811年、1816年、1819年の外国貿易の縮小は、疑いもなく、1810年、1815年、1818年が産業恐慌であったことを示している。[**]

　＊＊これらの恐慌の叙述は、Tooke の『物価史』第１巻のものを見よ。

今世紀の2番目の10年におけるこうした度重なる恐慌の繰り返し（10年間に3回）は、この時期のまったく例外的な諸条件によって説明される：1814年までは、世界的交易を完全に破壊したフランスとの戦争が続き、平和の到来は英国およびヨーロッパ大陸の国民経済の新たな破局をもたらした。こういうわけで19世紀の第2の10年はかくも恐慌に満ちあふれているのである。

20年代以降恐慌ないし商業的産業的停滞期の到来には、実際、大きな規則性が観察される。けれども、この規則性はジェヴォンズの理論によって要求される限界にははるかに届いていない。1825年、1836年、1847年の3つの恐慌の間の間隔は11年に等しい；次の恐慌は10年をおいて到来し（1857年）、次には9年をおいて恐慌が起こった（1866年）。次の商業的停滞期は1873～74年に始まり、1878年に終わった。80年代の商業的停滞は1882年から1886年まで続き、90年代の商業的停滞の始まりは1890年に帰される。恐らく、産業循環は増々短くなってきている。以前その継続期間は11年であったが、その後それは10年に近づき、今や8～9年に近づいている。

それ故、恐慌到来期のみに立脚してさえも、恐慌の反復は何らかの厳密な周期的・天文学的・物理的諸現象と直接的関係にある、と仮定することはできない。これに反して、恐慌反復の原因は、恐らく社会的性格を有している、それ故、恐慌到来の周期は、そのときの経済的・政治的・一般的な社会条件の変化に応じて、あるいは長くあるいは短くなる。

しかしジェヴォンズの理論に対する最も重要な反論は、それが個々の恐慌の起源の現実的・具体的諸条件とまったく合致しない、ということである。個々の恐慌の歴史の叙述に際して、我々はほとんどインドに関して話す必要はなかったが、これに反し、合衆国に関しては多くを話さなければならなかった。事実、英国製造品のインドへの輸出は、比較的、変動しない。これが如何に奇妙であっても、恐慌時の英国製造品のインドへの輸出は、低下しないばかりか増加しさえもするのであって、この

93

連合王国のアジアへの 製造品輸出額		連合王国の東インドへの 製造品輸出額		連合王国の東インドへの 製造品輸出額*	
（百万£）		（百万£）		（百万£）	
1824年	3.7	1856年	10.5	1865年	18.3
1825年	3.6	1857年	11.7	1866年	20.0
1826年	4.3	1858年	16.8	1867年	21.8

＊Accounts relating to Trade and Navigation of the United Kingdom. による。

ことは上の表から確認できよう。

　この数字を見れば、1825年、1857年、1866年の恐慌の原因を英国工業製品に対する東インドの需要の何らかの縮小と見なすことができないことは、明らかである；同時に、こうした需要の周期的縮小という仮定に基づく、ジェヴォンズの全理論も崩壊することも、明らかである、何故なら、少なくとも、周期的産業恐慌の3つはジェヴォンズによって仮定された原因によってはどう見ても起き得ないことが明らかだからである。

　ジェヴォンズの理論は産業恐慌の起源を物理的な原因によって説明する。我々が今から検討しようとしている理論は、これに反し恐慌の社会的原因を重視する。すでにフーリエは現代産業制度の悪循環 circulus vitiosus について語っているが、そのもとにおいては、過度の豊かさが貧困の直接的原因である。しかしこの理論の完全な発展は、現代の科学的社会主義の創始者…マルクスとエンゲルス…の、そしてその信奉者たち…ドイツ社会民主主義者たちの労作においてなされたのであった。

　非凡な労作『イギリスにおける労働者階級の状態』（初版、1845年）において、フリードリッヒ・エンゲルスは、恐慌の起源を以下の如くに説明している。「現代の無秩序な生産手段の生活と分配…その目的は直接的な消費の充足ではなくして、貨幣利潤なのであるが…の下では、各人が自己責任で金持ちになる体制の下では、停滞はいつでもやって来う
る。例えば、英国は多くの国に極めて多様な商品を供給している。もしも、工場主が何らかの商品が各個の国で年々どれだけ消費されるか知っていたとしても、彼は、ある時点でこれらの生産物の在庫がどれだけあ

るのか、ましてや彼の競争相手がそこにどれだけの生産物を送っている
のか、ほとんど知り得ないであろう。常に変動している商品価格にもと
づいて、彼は在庫と需要の状況に関する極めて疑わしい予測をなし得る
のみであり、自己の商品を当てずっぽうに送ることを強いられる；全て
は闇の中で盲滅法に多少とも偶然的に行われる。少しでも都合の良い知
らせがあれば、誰もが、可能な全てを送り出し、そしてすぐに市場は商
品で溢れかえる、販売は行き詰まり、支払いは行われず、価格は下がり、
働き手は仕事を失う。産業発展の初期に於いては、こうした販路停止は
一定の生産部門及び一定の市場に局限されていた；しかし、競争の集中
力…それはある部門で生活の糧を失った労働者を他の最も手頃な部門へ
投じ、ある市場で販路を見いだせない商品を残余全ての市場に投ずる…
によって、これら全てによって、個々の諸小恐慌は、互いに近づき合い、
結局は、周期的に回帰する恐慌の一つの列に統合される。[*]」

* Friedrich Engels, 『イギリスにおける労働者階級の状態』1892年版、84〜85頁
　〔大月書店版『マルクス‐エンゲルス全集』第2巻、313頁〕

　その後の労作『反デューリング論』で、エンゲルスは自己の理論をさ
らに発展させている。産業恐慌の根本的な原因は、彼の意見によれば、
資本制制度の2つの基本的な矛盾にある：第1は、労働生産物の共同的
生産と個人的取得の矛盾に；第2は、個々の工場に於ける組織された生
産と国民生産全体の無政府性の矛盾に。「恐慌に於いて、社会的生産と
資本制的取得の間の矛盾は鋭く現れる。商品流通は一時的に停止する…
経済的衝突は頂点に達する：生産様式は交換様式に反逆し、生産力は、
それが追い越したところの生産様式に反逆する。[*]」

* Friedrich Engels, Herrn Eugen Dührings Umwälzung der Wissenschaft, Zweite
　Auflage. Nottingen-Zürich, 1886年版、263頁
　〔大月書店版『マルクス‐エンゲルス全集』第20巻、285頁〕

　カール・マルクスは何ら特別の恐慌論は残さなかった。恐慌に関して

語っている『資本論』の箇所において、彼はエンゲルスに同調している。彼の資本主義の産業予備軍に関する教義、すなわち、過剰な労働者軍…彼らは順調な年には工場や作業場にいるが、産業的停滞期には貧乏暮らしをし乞食をする…に関する教義は、『資本論』の経済体系の礎石の一つとなっている。

　最新の社会主義者のうちでは、恐慌の原因に関する問題は、カール・カウッキーによって詳細に検討された。

　「現在の大恐慌は…K. カウッキーは言う…世界市場を震撼させている訳であるが、過剰生産によって引き起こされる、過剰生産は逆に、商品生産に固有の計画性の不在（Planlosigkeit）に依っている。生産された生産物数量がそれに対する欲求を超過すると言う意味での過剰生産は、全ての経済様式下で可能である。しかし、生産者が自己消費の為に製造する時には、過剰生産は何らの害ももたらし得ない…商品生産下ではそうではない。その発展した形態の下では、商品生産は、自己消費の為に生産するものはおらずもっぱら販売目当てに生産することを前提している。各人は自分に必要なものは購買しなければならない。おまけに、生産全体が何らかの計画に基づいて行われていると言うことは決してない、そうではなく、生産された商品に対する需要の大きさがいかほどのものか自分自身で見当をつけることが、全ての生産者に運命付けられているである。他方、商品生産の下では、それが交換の最も低い段階から上昇するや否や、貨幣単位に用いられている貴金属商品の生産者を除いては、誰も、あらかじめ販売しないでは購買することは出来ないのである。これらの中に恐慌の 2 つのルーツがある…*」。

　　*Karl Kautsky. Das Erfurter Programm. Stuttgart. 1892. 87頁。〔都留大治郎訳
　　「エルフルト綱領解説」、『世界大思想全集　社会、宗教、科学思想等14　カ
　　ウッキー　プレハーノフ』河出書房、昭和30年、65頁。〕

　さらにカウッキーは、これら 2 つの条件の実在下で（国民生産の非組

織性ともっぱら販売に向けた労働）、どのように産業が興奮状態から衰退状態に、またその逆に、順に移っていくかを展開している。「主要産業部門の一つが、何らかの理由で、例えば新市場の開放を通してであれ（例えば中国で）、あるいは鉄道建設の突然の拡張を通してであれ（例えばアメリカで）、発展への強められた刺激を受け取るや否や、この産業部門の一つが急速に活気づくのみならず、この活気づいた部門は、受け取った刺激を国民経済の全てに伝える。資本家達は企業を拡張し、新企業を設立し、原材料や補助材料の需要を高める。新たな働き手が生産に引き入れられ、利潤、地代、労賃が同時に上昇する。極めて多種多様な商品に対する需要が増大し、極めて多種多様な産業部門が経済的高揚に参加する、高揚は最終的に一般的になる…生産は巨大な規模に拡大し、市場の過度の需要はずっと以前から満たされているのに、生産は拡大し続ける。誰も他人のことに関しては何も知らない、そしてもしある資本家が、しらふの時に、不安を感じ始めたとしても、有利な状況を利用する必要性があるという意識と全般的な飛躍の中で取り残されてはいけないと言う意識が、その不安をかき消してしまう」[*]。

　＊〔同前68・69頁〕

　結局、産業恐慌が起きる、それは、獲得した刺激を残るすべてに伝えていた若干の個々の産業部門の活況の当然の結末なのである。

　まったく同様に、英国人社会主義者のハインドマンも、XIX世紀の産業恐慌の手短な歴史を書く中で、産業恐慌の起源を明らかにしている[**]。

　マルクス‐エンゲルスの学派は、我々の意見では、現存の恐慌の全説明のなかで最も見事で深いものを与えている。産業恐慌が現在の国民経済組織の当然かつ不可避の結果であると言う考えは、エンゲルにいたるまで多くの人々によって表明されてきた（シスモンディを挙げるだけで十分である）；しかし、マルクスの学派だけが、資本制制度の一体どの要素が恐慌を生み出すのか十分な確実さを持って明らかにしたのであっ

97

た。それでもなお、我々は、この学派の後継者達の労作に依って恐慌の起源の問題が完全に解決されたと認めることはできない。カウツキーによれば、産業恐慌はそれでも偶然的要因（たとえば新市場の開放）によって引き起こされるということを、我々は見た；しかしもしこれがその通りだとしたら、恐慌はかくも正確な時間間隔で繰り返されはしないであろう。

* * H. M. Hyndman. Commercial Crises of the Nineteenth Century. London. 1892. 序。
〔ハインドマン著　八木澤善次訳『近世経済恐慌史論』同文館、大正14年〕

　〔上で〕叙述された恐慌理論の基本的な考えを我々は完全に正しいと見なそう。商品生産の非組織性と自由競争は、我々の意見では、産業恐慌の根本的原因をなす。しかし、すでに上で述べたように、恐慌理論の構築に際しての主要な困難は、ある時期全体にわたって恐慌を引き起こしうる条件を指摘することにあるのではなく、恐慌は、正に、いつもではなく、一定の間隔をおいて周期的に引き起こされるという事実を解明することにある。国民生産は常に非組織的なままであるが、産業や商業は、あるときは繁栄状態にあり、あるときは…極度の抑圧状態にある。国民経済全体の規則的な拡大と収縮を引き起こす、マルクス学派によっては述べられなかった何らかの基本原因が、存在しなければならない。こうした原因が、生産部門ではなく、流通部門にあるものか否か、今度は見ていくことにしよう。

2）恐慌の原因を流通部門の攪乱と見る理論

　恐慌について書いていたほとんどすべての人（たとえば、Tooke[1]、Morier Evans[2]、　M. Wirth[3]、Juglar[4] 等の恐慌史家も含む）により繰り返されている、恐慌の最もありふれた説明は、以下のようである：恐慌は、商品市場および貨幣市場における強められた投機によって引き起こされ

る、と。恐慌の原因を調査している英国政府の多くの委員会に証拠を提供している実業家および学者からなる証言者は、恐慌の主要な原因として、overtrade、overtrading、〔過度取引〕を指摘している。Overtrade は、ロシア語には翻訳しづらい単語であるが、実在の商人資本の大きさと市場の必要によって決められている、しかるべき限界を超えた交易の拡大を意味する。交易の過度の拡大は、常に信用の乱用に随伴されるわけだが、商人仲間の投機熱の激化の帰結である；株式取引所における投機は有価証券の大量の創出となって表れるが、その大部分は、国の実需ではなく、もっぱら株式取引〔株式投機〕目的で生み出される。投機の激化と信用の拡大は、結局は投機者の破産をもたらすが、それは、まったく自然である、何故なら、ただ市場の条件に適合し十分な実在資本を動かす企業家だけが、安定的な成功をおさめうるのであるから。信用拡張のおかげで、今やすべての経済部門の間に密接な関係が存在するのだから、投機者たちの破産は残るすべての行き詰まったあるいは弱々しい企業家たちの破綻をも招き、国には産業恐慌が到来する。

〔＊ここでは注に番号がふられている〕

1）Th. Tooke. A Histry of Prices.〔London, 1838～1857. トゥック『物価史』、藤塚知義訳、東洋経済新報社〕

2）Morier Evans. The Commercial Crisis 1847. London, 1848. The History of the Commercial Crisis. 1857-1858. London, 1859.

3）Max Wirth. Geschichte der Handels Krisen.〔Frankfurt, 1858.〕

4）C. Juglar. Des Crises Commerciales. この素晴らしい業績の歴史部分は非常に弱々しく、いくつかの箇所は Max Wirth の著作の逐語訳であるが、それは後者がいくつかの場所で Tooke の翻訳であるのと同じである。

　我々が繰り返している恐慌の通常の説明は、このようなものである。しかし、本質的には、これは全く説明ではなく、産業恐慌の外的兆候の記述である。何故あるときに投機熱は強められ、熱病的に全商業界・産業界を摑むのか？　もしもこれらの契機がきわめて珍しいものであるのなら（たとえば、前世紀〔18世紀〕フランスの有名なジョン・ロー投機

ないし英国の南海泡沫会社投機のような）、それらを、さらなる説明を要しない何かの風土病のような、偶然的な現象と見なすことも可能であろう。しかし、投機熱がある10年から次の10年とほぼ同じ規則的な間隔をおいて変わることなく強まるならば、これに対しては何らかの一般的な原因を指摘する必要がある、というのは、同一の現象のかくも頻繁かつかくも規則的な反復が、一般的で、不変に作用する原因によって起こされるものではないということは、まったくあり得ないからである。

　それでは、投機の激化と引き続くその崩壊を周期的に引き起こす一般的な原因とは何なのか？

　銀行券の過度の発行が商品価格に与える影響に関する30年代・40年代の英国経済学者たちの著名な論争時以来、恐慌を信用組織および貨幣流通と関連させることが慣習となった。しかし、S.ロイド（後のオーヴァーストーン卿）やトレンズ等によれば、英国産業の変動の原因は、直接的には、英国における銀行事業の正しくない機構にある。この学派の著者たちは、英蘭銀行券の過度の発行は、商品価格を高め、英国商業に人為的な刺激を与えるが、他方、投機の過熱が国を恐慌へ導き正貨が英蘭銀行の金庫から流出し始めるときには、信用の縮小が…英蘭銀行は、自己の銀行券と硬貨〔正貨〕の交換の補償のため、信用に頼る事を強いられているわけであるが…災いを完成し、貨幣市場においてはパニックが引き起こされる、と主張している。周知のように、S.ロイドは、英国首相 Sir ロバート・ピールを自分の側に引き寄せることに成功し、有名な英蘭銀行改革を実現したが、それに関しては英国内外で多くのことが書かれた。しかし我々は、今や歴史的興味しか有していないこれら昔の論争すべてに関わることはしない。1844年の銀行条例は恐慌の到来を回避しはしなかったし、そしてこのたった一つのことが恐慌の原因は英蘭銀行券の過度の発行ではないことを証明している。

　それでもなお、産業恐慌と貨幣流通の諸条件とを関連づける試みがその後も続いた。以前の通り、多くの経済学者は、正しくない信用機構に、

産業恐慌の周期的反復の唯一ではないにせよ主要な原因を見ている。その際、きわめて特徴的なことには、何が相対的に重要な問題か、現代の信用機構の欠陥は正にどこにあるのかに関し、経済学の文献のなかに、２つのまったく相反する見解が存在するのである。一方の見解によれば、恐慌は銀行業の独占により、多少とも国家機関的特徴を有する巨大銀行の特権的地位により、引き起こされる。他方の見解によれば、逆に、恐慌は銀行業の過度の自由さにより、銀行経営に対する政府の統制の極度の弱さにより引き起こされる。

　銀行業の独占に反対して、シャール　コクレン[1]、アドルフ　ワグナー[2]（銀行業に関する自己の最初の労作に於いて；引き続く労作に於いてはA. ワグナーは当該問題に関する見解を著しく変更している）、ジョージ　ガスリー[3]、ケアリ[4]、マクロード[5]および他の多くの人々が書いている。特権的な銀行に投げかけられる一般的非難は、以下のようである；これらの銀行は、より多くの小さな信用制度を壊滅させる恐慌からまったく安全であって、特権制度を少しも揺るがせることはない、そして、国中から集まる巨額の資本を思うようにしつつ、産業的活況期に人為的に割引歩合を下げ、このことで投機を促進する。投機が、恐慌の間近な到来は不可避という大きさにいたったときには、特権的銀行は割引歩合を引き上げ、パニックを引き起こすが、それは世界中の国々にとって致命的ではあるが、特権的銀行にとっては大変有利なのである（英蘭銀行の配当は、割引率の上昇と割引業務の拡大によって、いつもパニック時に一番高いのである）。銀行業の自由は割引歩合の人為的低下の可能性を一掃し、産業恐慌の到来を予防、ないしよりまばらにする。

1) Ch. Coquelin. Les Crises Commerciales et la Liberté des Banques（Revue des Deux Mondes. 1848, Novembre）

2) Adolph Wagner. Beiträge zur Lehre von den Banken. Leipzig, 1857.

3) George Guthrie.Monetary and Commercial Crisis...an Avoidable Evil. London, 1859, および Bank Monopoly, the Cause of Commercial Crises. Edinburgh

and London, 1864.

4）H. C. Carey. The past, the Present and the Future. London, 1856. 第Ⅴ章、同
『社会科学入門 Руководство к соцшальной науккe』ペテルブルク、1860、
エル、シャホフスコイ訳、第26章〜第29章および同じ著者の他の労作。

5）H. D. Macleod. Theory and Practice of Banking. London, 1857および同じ著
者の、ほとんどもっぱら銀行業問題に捧げられた全一連の労作。

　これに反し、銀行自由の反対者たち（たとえば、ゲイヤー[*]、モリツ・
モル[**]および、銀行の発券業務に対する規制を擁護している一連の最新の
書き手たち）はその見解において英国の通貨理論の支持者に同調してい
る。通貨理論の支持者と同様に、彼らは、恐慌の主要な原因ないし主要
な原因の一つは、硬貨〔正貨〕による準備なしの銀行券の発行であると
主張している。この学派の書き手たちによれば、銀行業の自由は、何に
もよらない準備なしの銀行券の形態での銀行による虚偽の富みの創造を
通じての投機の激化を導き、そして、産業恐慌を今より頻繁にそして国
にとって今より破滅的なものにするであろう、ということである。

　かくの如く、一方の議論は他方の議論によって打ち負かされている。
実際には、産業恐慌は、銀行業の何らかの機構とは直接の関係を有しな
い、それは、広汎な銀行業の自由の諸国（合衆国）同様、中央集権的・
独占的信用の諸国（フランス）においても産業恐慌は到来するという一
つの事実によって立証される。

　　＊Ph. Geyer. Banken und Krisen. Leipzig, 1865.
　　＊＊Moriz Mohl. Ueber Bank-Manöver, Bankfrage und Krisis. Stuttgart, 1858.

　しかし、恐慌がいずれかの信用機構によって引き起こされるものでな
いならば、恐慌は、発展した信用をもつ国々における貨幣流通の一般的
諸条件とは関係がないということなのか？　1865年、ベルギーの著名な
経済学者エミール　ド＝ラヴレーは『五十年来の貨幣市場と恐慌』なる
興味深い著作を出版した。この本においてラヴレーは、産業恐慌は正に

貨幣流通の諸条件により引き起こされることを証明しようと努めた。ラヴレーの議論は以下のようである。

産業恐慌に常に先行する…そこでは恐慌は起こっていない…唯一の事情は、ヨーロッパにおいてであれアメリカででであれ、国の内部から外国への金の流出である。その他の事情が如何に多様であれ、この関係においてはすべての恐慌が互に似ているのである。それ故、外国への金流出を恐慌の真の原因と認識することは、きわめて自然である。

通常、これに対しては、英国のような国においては、資本の巨額さと内外交易の巨大な規模の故に、数百万ポンド・スターリングの金準備の減少は大した意味をもたないという異議が唱えられる。しかし、これらの交易すべてが英国においては最も広汎な信用の発展の上に組み立てられているということが忘れられてはならない。その信用は、逆に保有される硬貨〔正貨〕準備に基礎をおいている。信用機構がより完全であればあるほど、国が必要とする硬貨〔正貨〕が少なければ少ないほど、国の保有する貨幣〔正貨〕量はより大きな意味をもつ。英国の交易と信用の複雑な建物全体は、英蘭銀行に保管されている数百万ポンド・スターリングの金銀という不安定な基礎に立脚している。この数百万〔ポンド・スターリング〕が数億〔ポンド・スターリング〕の英国資本が適正に循環するのに、実際、不可欠なのである。英蘭銀行の金庫にある金銀準備が減少しただけで、不安は国中に広まり、信用は収縮し、商品価格は低下する、それは、皆が、英蘭銀行に保管されている十分な硬貨〔正貨〕準備が全国の商業および産業に不可欠であるということを、とてもよく理解しているからである。

国の金属貨幣〔正貨〕準備が少なければ少ないほど、金の外国への流出はその国に対してますます強く作用する。それ故、英国は仏国より産業恐慌にヨリ苦しめられる。

恐慌は通常秋に起こるという驚くべき事実は、産業恐慌と貨幣流通の関係の何よりの裏づけである。すなわち、秋には、通常、現金に対する

需要が特に大きいものである：この時期、農産物の大量が買われ、賃料
〔地代〕が支払われ、冬に備えて買い付けがなされる、等々。銀行の金
属貨幣〔正貨〕準備は秋に大いに減少する、それ故、この時期に、通常、
産業恐慌が起こるのは、まったく自然なことである。

「概して…とラヴレイはいう…恐慌は３つの原因の複合作用により引
き起こされる：1）種々の形態の信用の利用によって；2）先物取引およ
びあらゆる種類の証券による市場の充溢によって；国債や市債の購入申
し込みや、大会社や個人企業主の債券発行や株式発行等々によって；3）
硬貨〔正貨〕準備が国が厳密に必要とするぶんを超えないときに、大量
の硬貨〔正貨〕の外国へ流出を引き起こすところの交易バランスの乱れ
によって。第１と第２の原因は、福利が増大している諸国で、近年、ほ
とんど絶え間なしに作用している、というのは、一方彼らは、商慣行や
商制度が向上するにつれて増々信用を利用するからであり、他方、産業
は、科学の指導のもと、自己の力を投入すべき新たな部門を不断に開拓
するからである。…したがって、恐慌の要素は常に準備が整っている、
あるいは、強いていえば、恐慌への不断の傾向が存在する、しかし、恐
慌の到来は外国への貴金属の搬出によっていつも規定される。[*]」

> ＊ E. Laveley. Le Marché Monétaire et ses Crises depuis cinquante ans. Paris. 1865,
> 148‐150頁

　こうしたものが、ラヴレイによって与えられた恐慌の説明である。ち
ょっと見ただけでは、それらはきわめて洞察力に富んだもののように見
える；現実にはそれらは、何ものをも説明していない。外国への金流出
は産業恐慌のありふれた兆候であるが、決してその原因ではあり得ない。
1839年に英蘭銀行の金属準備は、1836年と1847年に比べ、大きく減少し
たが、にもかかわらず1839年に産業恐慌はなかった。同様に、60年代の
前半には、産業恐慌を発生させずに英蘭銀行の金属ストックは数回にわ
たり数百万ポンド・スターリングまで落ち込んだ。1866年５月のパニッ

クでは正貨の外国への流出との関係は何等見られなかった、何故なら、4・5月全体にわたって、為替相場は英国に順調であったのだから。

さらに、もしも英蘭銀行の正金ストックの減少が産業恐慌の直接の原因だとしても、正貨の国外流出の周期的反復が一体何に依存しているのかが示されなければならない。交易バランスの変動は、それ自体説明を要する派生的な現象である；国外への正貨流出はいつも産業恐慌に先行するというラヴレイの主張は、若干の留保付きで賛成されよう（1866年の恐慌の直前には正貨は国外に流出しなかった、もっとも、厳密にいえばこの恐慌は産業恐慌ではなかったが）；しかしそこから、正にこの事情こそは、恐慌の主要な原因なのであり、恐慌接近のありふれた兆候ではない、ということにはならない。ラヴレイの理論は、産業恐慌の兆候の正しい記述であるが、これら複雑な諸現象…交易の活発化、為替相場の下落、正貨の国外流出、引き続く全国民経済の混乱…の複合体を引き起こす隠れたメカニズムを、説明してはいない。

同じことは、K. ジュグラー…卓越した労作『Des Crises Commerciales et de leur retour périodique 商業恐慌とその周期的反復』（初版1860年、再版1889年）の著者…の理論についてもいうことができよう。この労作は、そのなかにおいて初めて英・仏・米における産業変動の周期性が立証されたということでとりわけ素晴らしいものである。英蘭銀行・フランス銀行同様に合衆国の最主要諸銀行の報告書を調査しつつ、ジュグラーは以下の結論に達した、「何らの理論にも立脚せず、何らの仮定にも立脚せず、ただ、現実の諸事実の観察のみに基礎を置けば、恐慌の周期性の法則を立証し得よう。活況期、繁栄期、そして常に恐慌で終わるところの物価高騰期が存在する。；その後に、産業を多少とも抑圧された状態に追いやる商業的停滞及び物価低落の年が続く[*]」。

　　＊Clément Juglar. Des Crises Commerciales et de leur retour périodique. Paris. 1889. XV頁。

ジュグラーの意見によれば、産業恐慌の発生を偶然的・私的事情、先

行する個々の危機のせいにするのは、誤りである：戦争、不作、信用の濫用、銀行券の過度な発行…これらすべての原因は、もし国民経済の一般的状況がそれらを助けなければ、産業恐慌を引き起こし得ない。盃を溢れさせる最後の一滴同様、それらは産業恐慌の到来を早めることはできる、だがそれは、ただ、貨幣市場および商品市場の状況が産業恐慌を不可避にした場合のみなのである。産業恐慌は決して不意に訪れたりしない：それにはいつも産業と交易の特別の興奮状態が先行するのだが、その兆候は非常に特徴的なので、産業恐慌は前もって予測されうるほどである（予測にはジュグラー自身一度ならず成功している）。

興奮期と沈滞期のこの規則的な交替は、一体、何によるものなのか？

ジュグラーは一つの基本的な原因を指摘している：それは商品価格の周期的変動である。恐慌に先行する順調期は、いつも物価上昇によって特徴づけられる：「文明諸国の年々の貯蓄は、彼らの富みを絶えず拡大しているわけだが、その貯蓄は、不断の物価上昇を引き起こしそして支えている；これは…市場の自然な状況、順調期である。〔物価〕上昇の動きが緩慢になるとき、恐慌が接近し、それらが停止するとき恐慌が勃発する。一言で言えば、主要な、いわば唯一の恐慌の原因は、物価上昇の停止であるといえよう。*」

恐慌発達の全メカニズムをジュグラーは、次のように描いている。

商品価格の上昇は、商品販売を困難にする自然の傾向を有する。それ故、価格が上昇するにつれて、交易バランスは〔そうした〕国にとってますます逆調となる。輸出商品がカヴァーできなくなった輸入商品の支払いに金が流出し始める。初めはこの流出は極わずかであり、何らの注意も引かない。しかし、物価が上昇すればするほど、国外への金流出は増々激しくなる。ついには、商品価格は、国外への販売が極めて困難になるまでに、上昇する。生産物を生産物で支払う可能性は備わっていないので、貿易商たちは、支払い満期に応じて銀行で自己の手形を更新し始めるが、これにより、恐慌に直接先行する時期の銀行の割引業務の激

化は説明される。しかし、いかに支払いが引き延ばされようとも、早晩、支払いはなされねばならない。商品価格は一気に下がり、その後に銀行と貿易商の破産が続き、産業恐慌が到来する。

　＊C. Juglar,『商業恐慌』、33頁。

　これらすべてに対して反対すべきことは何もない；疑いもなく、ジュグラーはまったく正しくも産業恐慌の最も特徴的な外貌…商品価格の下落を認めたのであった。恐慌の直接的な原因は、ラヴレーが考えた如く、流通における硬貨〔正貨〕準備の減少にあるのではなく、商品価格の下落にあるのであって、それは一気にすべての交易を中断するのである。もしも販売価格が購買価格を満たさないのなら、最も良心的な貿易商でさえも破産することになるだろう。恐慌に直接先行する時期の国外への硬貨〔正貨〕の流出も、同じく、ジュグラーによって見事に説明された：国内商品価格の上昇は同時に国産商品の外国への輸出を遅らせ、外国商品の輸入を刺激する；商品輸出の不足が金輸出〔流出〕によって埋め合わされることはまったく明らかであり、このことを我々は、個々の恐慌の歴史の叙述に際して、一度ならず確信する機会を先にもった。

　それにもかかわらず、我々は、ジュグラーの理論が現代国民経済における恐慌の発生を説明しているとは見なさない。ラヴレーに比べればジュグラーは一歩抜きん出ている…彼は、恐慌の接近と到来を特徴づける貨幣流通部門における攪乱は、国内外の商品価格の相対レヴェルの変動によって引き起こされた派生的現象であることを示した。しかし、商品価格は、何故、産業恐慌で終わる周期的な上昇をこうむるのか？　ジュグラーは、産業と交易が急速に発展している国における年々の貯蓄は、商品価格を上昇させる不断の傾向を有するという。我々の意見では、こうした主張にはまったく同意することができない。もし商品に対する需要が増大するなら、その供給も増大するであろうから、生産が拡大する。前章で示そうと努めてきたように、資本制の国においては、需要は供給

の先を行くことはない、いつも供給が需要に圧力をかけ、人為的に需要を呼び起こし拡大しようと努める。市場で投資先を見いだせない余剰資本や余剰商品が常に存在する。こうした状況では国の貯蓄は、どちらかといえば、商品価格を上昇させるよりは、下落させる傾向を有する、何故ならば、ただでさえすでに商品で溢れかえっているわけで、市場に新たに登場した資本は、商品の供給を需要に適合させる困難を増大させるのみだからである。

　かくの如く、ジュグラーの理論は最も重要な…恐慌に先行する時期における商品価格の上昇を説明していない。さらに、ジュグラーは、何故商品の価格上昇がいつもその下落と商業の混乱で終わるのかをも示していない。もしも、ある国においては価格が上がりつつあり、他方、他の諸国においては価格の平均水準は上がらないと仮定すれば（こうしたことは19世紀前半にあり、当時は産業の満ち干は若干の国…英国と合衆国しか捉えておらず仏国はほとんど捉えていなかった）、一定の限度まで達した商品価格の上昇は、商品価格の上昇のない外国市場での販売の不可能性の故に停止せざるを得ないことは明らかである。我々が先に叙述した３つの初期恐慌（1825年、1836年、1847年）は、かかる局地的性格を有する。しかし最近、産業と商業の活況は全文明社会に広がったと言っても過言ではない。この場合、何故、商品価格は上昇ずくめの後それでも下落しなければならないのであろうか？　ジュグラーの理論は、これに、何らの説明も与えていない。

　結局、商品価格の周期的変動は何に依存しているのか？　この問題に対する興味深い解答がジョン・ミルズによって論文「信用循環と商業恐慌の原因」On Credit Cycles and the Origin of Commercial Panics（マンチェスター統計協会紀要1867…1868 Transactions of the Manchester Statistical Society 1867…1868）において与えられている。

　恐慌の直接的原因はきわめて多様であるのだから…ミルズはいう…そのなかに、恐慌を規則的・周期的現象にする共通の原因を探し求めるこ

とはできない。こうした原因を貨幣流通システムのなかに見いだすこともできない、何となれば恐慌はありとあらゆるシステムのもとで起こるのだから。

恐慌の説明は、人間の精神的特性に求められなければならない、何故ならば、その変動が恐慌の最も注目すべき特徴であるところの信用は、精神的次元の現象なのであるから。

一般的にいえば、貨幣市場のパニックは資本を破壊はしない、にもかかわらずその影響は、国民経済全体にとっていつも非常に破壊的である。パニック時、一体何が破壊され、その後の空所に何が残るのか？「それは、その助けを借りて無気力な資本が運動に導かれ新たな道に向けられるところの、鋭い精神的要因である。この要因が…信用である。[*]」

パニックは信用の死である。しかし信用には復活能力があり、その生命循環が現代の産業循環でもあるのである。

信用循環の第1期（ポスト・パニック期）はパニックの終焉に直接に引き続く。この時期、割引歩合はいつも低く、貸付け市場は資本で溢れかえっている。この充溢は以下の原因によっている：

1）資本所有者の精神状態に、所有者たちはパニック後、落ちつくのであるが、それでもやはり資本を手放すのを恐れ、それを信頼できる場所…銀行に預けるのであり、この時期銀行では預金は大いに増加する。

2）資本の借り手の精神状態に、彼等は新たな借り入れをすることを望まないし、事業を拡大することも望んではいない。

上述の2つの条件が資本による市場充溢の内的原因をなす。その同じ現象の外的原因は為替相場の変化である。パニックに先行する時期、交易バランスの逆調の影響下での為替相場は安く、貨幣は国から出て行く。パニックの後には、商品価格は低水準のままであるが、交易バランスは順調になり、為替相場は上がって、貨幣は国に戻り始める。

こうしたものが正常な姿での信用循環の第1期の特徴である。しかし、

特殊な原因の影響下では、この時期は別の特徴を帯びる。たとえば、1866年、外国での英国の信用は、1844年の銀行法の効力停止と英蘭銀行による割引歩合の大幅な上昇のせいで、英国と外国の割引歩合の差異にもかかわらず、正貨が英国に還流しないまでに崩壊した。

第1期は普通2～3年継続する。この期全体にわたって利率は低いままであるが、銀行の準備〔率〕は高い。少しずつ信用は活気づき、中期ないし活況期が訪れる。価格や利潤は高くなり、取引量は拡大する。前述のパニックを体験しておらず本来的に将来を楽観的に見る傾向のある新たな人々が交易に参加し始める。公衆には常に現在の継続を将来へ期待する傾向があり、それ故、彼らのなかには国の金融状況の安定性と交易の繁栄状態への信頼が、急速に広まる。これらはすべてさらなる市場の改善を促進する。資本は急速に流通し高利潤をうみだすが、その利潤は即座に再び流通に入る。少しずつ資本は通常の流通運河を溢れ、資本家は自己の利益の有利な投資のための新たな手段を探し始める。

第3期、投機の時期がやってくる。信用は増大し、同時に物価も高くなり、ついにはきわめて脆弱な基礎のうえに建てられた建物は皆崩壊する。この崩壊は2つの原因に依存する：1）それを超えては価格が上昇し得ない一定の限界が存在する…この限界は外国との競争により画される。商品は売れなくなり、市場を塞ぎ、その価格は下落する、ひとたび後退運動が始まれば、それは加速度的に最終崩壊まで行き着く；2）商品の価格が変動するときには、現金資産への切迫した必要性が人々をして…株・債券等々の長期信用の形態全てを実現〔換金〕することへと駆り立てる。これは、完全に信用に立脚した後者の価格を瞬時に失わせ、資本の債権者すべてを破産させる。

かくの如く、資本家と企業家の精神状況の変化に基づく信用の自然な拡大は、信用の死、信用の崩壊に、換言すれば：…産業恐慌に行き着くのだが、その後、再び信用循環が以前のように始まる。

 ＊John Mills. On Credit Cycles etc.（T. of the M. S. S. 1867…1868. 18頁〔略

語の意味は本文参照のこと〕).

〔ここで〕述べられた理論にはラヴレイとジュグラーの理論に関して先に我々が話したすべてのことが適用可能である：それは、資本制経済における産業発展の一局面の説明というよりはむしろその描写である。企業家と資本家の精神状況の変動からの引用は、ほとんど何も説明しない、何故なら、我々は社会階級全部の気持ちを判定する何らの手段も持ち合わせてはいないのだから。さらに、産業の満ち干の唯一の原因が信用の変動であるならば、現在、信用の変動はきわめて小さくなっているのだから、対応して、産業の変動もまた小さくなっていなければならないはずではある。我々は先に、80年代の英国においては通常の10年周期の信用変動はなかったといった；それでも、80年代の半分においては、英国産業は、信用が激しいショックを味わった50年代末ないし60年代末よりは悪い状態におかれていたのであった。

オーヴァーストーン卿によって若干の言葉で表現された現代経済の通常の発展図式（「平静、改善、信頼増加、安寧、興奮、投機、ショック、パニック、停滞、抑圧そして再び平静」）は完全にはただ以前の時代にのみ適用可能であるに過ぎない、その時代には実際、個々の産業循環はいつも変わらず、パニック、信用崩壊と産業恐慌で終わっていたのであった。正に今日、すでに20年以上英国においては当の恐慌は起こっていないのであるが、とはいえ、実は英国の産業はどの時代にもましてよりリズミカルにより規則的に変動しているのである。したがって、これらの変動の基本的な原因は信用ではなく、他の何かに存する；正に信用の変動は、以前とまったく同様現在もなされているより深い経済進化の単なる反映に過ぎない。

3）恐慌の原因を分配と消費部門の攪乱とみる理論

我々が示そうとしてきたように、産業恐慌は信用と貨幣流通部門の多

くの特徴的な変化を伴っているが、これらの変化は恐慌の基本的な原因ではなく、むしろ資本主義制度に特有のこの病気の兆候なのである。ではこの病気の原因はどこに求めるべきなのか？　恐らく分配および消費部門ではないのか？　一連の著名な著述家たちは、産業恐慌をこの後者の種類の原因と関連づける。

　前章において我々は、産業にとっての市場の意義と商品の全般的過剰生産の可能性に関するセイ‐リカード学派とマルサス‐チャーマズ学派の論争を、十分詳細に叙述した。我々が述べたように、マルサスとチャーマズは、生産拡大の不可欠な条件は対応する消費の拡大であることを知っていた。もしも消費が拡大しなければ、そのときには生産の拡大は販路を見いださない商品による市場の充溢を、換言すれば：産業恐慌をもたらす。人口の若干の階級による生産物の不十分な消費が恐慌の原因である。

　マルサスの意見によれば、企業家は彼らによってつくられた生産物すべては消費し得ない、何故ならば企業家の主たる目的は消費ではなく、彼らの収入の貯蓄、資本の蓄積なのであるから。余剰を構成している消費されない商品は、労働者によっては消費され得ないであろう、何故なら、彼らの労賃は生存手段の最小限に引き寄せられているのだから。したがって、国民生産の余剰を利用する特別な消費者階級が必要である、そして豊かな地主たちがこうした階級であり、彼らの贅沢は企業家階級の貯蓄に劣らず産業にとっては有益なのである。マルサスの見地からは、産業恐慌は富裕階級の不生産的消費が生産拡大に比し、不十分にしか増大しないために引き起こされる。

　社会＝政治的関係においてまったく正反対の結論に、マルサス同様国民経済における消費の重要性を強く主張していたもう一人のすぐれた経済学者…シモンド・ド・シスモンディは到達した。

　商品の過剰生産および産業恐慌の原因に関する問題は、シスモンディの経済体系における礎石である。恐らく、『経済学新原理』の著名な著

者ほど、この問題の説明のために時間と労力をさいた経済学者は一人としていはしない。これに対応して、シスモンディによる現代国民経済における産業恐慌の原因の説明は複雑であり、それらを一つのシステムの枠に収めるのは難しい。

実際、シスモンディは当該現象の全一連の説明を提供した、そして、そのうえそれらは必ずしも相互に一致しておらず、相異なる視点に基づいている。先に我々はこれらの説明の一つを叙述したが、その本質は以下のようである：自由競争の影響下においては、労働者階級の所得は縮小し、資本家階級の所得は生産よりはゆっくりとしか拡大しない。生産された生産物に対する市場は国民所得の大きさによって制限されているのだから、現代の国民経済組織のもとにおける生産の拡大のすべてと競争の激化が産業恐慌と交易停滞に行き着くことは、まったく自然である。

こうした見解に立脚しつつ、シスモンディは1825年の英国の恐慌の直接的原因に対するまったく正しい説明を与えている。「英国産業の生産物を収めるには国内市場は十分ではないので、英国産業はそれらの販路を外国で拡大することに努めねばならなかった。しかしアメリカで新たに開かれた市場がいかに巨大であれ、もしも、新たな共和諸国〔州〕の借り入れがこれら諸国〔州〕の購買手段を突然何倍にも増やすということが無ければ、国内市場の消費力に比し過剰な英国産の全商品の吸収の為には、それは十分ではないであろう。個々のアメリカの国〔州〕は借り入れ〔契約〕を英国で結んだ…そして、それが資本であったにもかかわらず、個々の国〔州〕は、まるまるそれをすぐさま英国商品の購入に使ってしまった…この一風変わった交易の継続中、その時英国人は米国人に一つの頼みごと…正に英国資本で英国商品を購入すること…をした訳であるが、…英国製造品は繁栄状態にあった…しかし、充用資本が費やされ、約束に従って返済すべき時が到来した時、幕が下りた、幻想は終焉を迎え、1818年のときより強烈な困難が訪れた[*]」。

　＊Simonde de Sismondi. Nouveaux principes d'économie politique. Paris. 1827,

第 1 巻、370頁。〔この27年版は第 2 版であり、菅間氏等の邦訳…慶應書房版および世界古典文庫版『経済学新原理』…とは、版が異なるため、残念ながら対応する記述を見ることができない。なお、同訳書の 4 章 4 節参照。〕

産業恐慌の一般的な原因のシスモンディによる前述の説明は、経済文献において大いなる成功をおさめ、一連の学者・評論家により迎えられた。たとえば、デューリングは産業恐慌を次のように説明している；「雇用労働システムの下では、労働大衆の資力*の制限により、拡大しつつある生産を国内大衆用の消費物品の製造に振り向け得るであろうところの、消費の拡大の可能性が与えられない…生産は主に最も富裕な階級の中に販路を見いださねばならない、そして、生産が、困難な状況を免れる為に、世界市場のどこかの地点へ向かうということは無いであろう、生産は、どこであれ、生産された商品の為の保証された販路に到達し得ない…ここから、国民経済に深く埋め込まれた生産と消費の平衡の攪乱への不断の傾向が生み出される**…生産は、不断に遅れつつある国民大衆の製造品購入手段よりも、急速に拡大する。人為的にもたらされた消費不足〔過小消費〕の下にあっては、変わらぬ生産でさえ過剰生産の様相を呈する***。」

〔*直訳すると「金融手段」となる語が書かれているが、馴染まないのでこう訳しておく。〕

＊＊E. Dühring. Cursus der National und Socialökonomie. Leipzig. 1876. 222頁。

＊＊＊Ibidem, 227頁。

最新の著述家のうち、フライベルクの教授、ヘンリー　ヘルクナーは興味深い著作『経済進歩の要求としての社会改革』において、シスモンディの教義に完全にしたがった以下のテーゼを提示している：

「第 1 ：なすがままにされた流通は、所得と財産の分配の大いなる不平等への傾向を含む。

第 2 ：国民大衆の購買力及び消費力は、現在達成されつつある技術部門や経済部門の成功、即ち、労働の生産性の増強により、追い越される。

第3：商品による国内市場の充溢は、労働者階級の購買力と生産力の間のこの不一致によっているのであるが、かかる充溢を、可能な限り大きな輸出拡大や対外投資によって回避することが試みられる。しかしこの後者の手段は、更に大きな困難に直面する、一部は外国市場の商品充溢によって、一部は労働者階級の不十分な消費力により外国市場を探すことを強制された産業諸国家のますます強まりつつある競争によって」。

最後に、ロシアの著述家の中でシスモンディ理論の説明の追随者に属すのは、ヴェ・ヴェ氏、ユジャコフ氏、そして恐らく、ニコライ―オン氏である。

* Heinrich Herkner. Die Social Reform etc. Leipzig. 1891, 37、38頁。『国家学辞典』所収コンラッド教授「恐慌」はこの著者のものである。〔同上〕
＊＊ヴェ・ヴェ氏は自分をロードベルトゥスの追随者であると見なしているが、明らかに、誤解である。というのは、フォン　キルヒマンとのロードベルトゥスの全論争は、正に、労賃の絶対的な大きさが産業恐慌に何らかの影響を与えうるという見解への反論に向けられていたからである。ニコライ―オン氏に関して言えば、彼が『概説　ロシアに於ける改革後の経済』で述べている産業恐慌の原因に関する見解は、我々には、まったく明快ではない。

我々の意見によれば、この理論は、資本制経済における市場の意義のまったく誤った認識に基礎を置くものであり、この一事にてらしても、正しくはあり得ないのである。これに対する理論的反論は前章にあるが、そこで我々は、いずれかの社会階級に由来する、生産物に対する需要の絶対量〔の大小〕は、製造品の販路の困難さや容易さには何らの影響も与えないということを明らかにしようと努めた。需要の拡大であれ縮小であれ、それらすべては疑いもなく産業の状況に強力に作用する。たとえば労賃の上昇によって引き起こされる需要の拡大は、産業の一時的な活発化を促進するであろうが、この活発化の原因によっては、国民的プロセスにおいて労働者の取り分が増加することはなく、増加するのは当の需要の増加プロセスであろう。その労賃が拡大を止めたとき、以前に

比べれば労賃はかなり高くなっていたであろうとはいえ、工業品の販路のための市場はまったく以前のままであり、そしてある物の生産に代わって他の物が生産されるだけであろう。同時に我々は、自由競争に基礎をおく現代の国民経済においては、生産の拡大はきわめて困難に満ちた過程であり、時として、実際上、まったく実現不可能であるということを完全に認める。しかし生産拡大の困難は、個々の社会階級が国民的生産物のどれだけの部分を得るのかにはまったく依存しない。もしも労賃が国民的生産物のすべてないしほとんどすべてを消費するまでに拡大したとしても、それでもやはり、自由競争のもとでの生産拡大は、実行に困難を伴なうであろう。

　産業恐慌の全歴史が〔先に〕述べられた理論への事実をもってする反論である。実際、産業的活況期はどのように特徴づけられるのか？　労賃の上昇、すなわち、労働者階級側での国内産業生産物への需要の拡大によってである。にもかかわらず、恐慌が産業的活況の後に続く。〔先に〕見たように、シスモンディは自己の観点から、産業恐慌を以下のように説明する：国内市場に於ける商品への不十分な需要（労賃の低い水準による）は企業家をして商品の販路を外国に探し求めさせる；こうした販路は過剰な土着資本の国外への移住によって生み出されるが、これらの資本がその資本を所有していた国の生産品の入手に使われるとき、これらの生産品に対する外国の需要は止み、そして恐慌が生ずる。この説明においては、最初の前提を除いてはすべてが正しい；しかし、最初の前提は、商品に対する国民的需要の大きさは、労賃の高さに直接的に条件づけられるという誤った仮定のうえに打ち立てられている。

　実際、低い労賃が生産の拡大と国内市場における商品の販路を妨害し、商品を輸出している国から得られた資本が消費されないうちだけは、国外の販路は大丈夫であるとするならば、英国産業の発展は次のような光景を呈することになろう：労賃が低いままのうちは生産は累増せず、周期的変動を被る…時たま力強く拡大し、その後同様に急速に縮小し、以

第Ⅱ章

前と同じ水準に戻る。現実に英国の生産がどのように拡大してきたのか見てみよう。このため我々は連合王国の工場における70年間の綿消費の数字を引用しよう（百万ポンド）。

* 1880年まではエリソン（『大ブリテンの綿貿易』表 No.1）に、1880年以降は Statistical Abstract for the U.K. 1892による、さらに最近の場合は、引用された数字は実際の綿消費ではなく、連合王国への余剰を含む輸入を意味する。

1821年	129	1841年	438	1861年	1,007	1881年	1,471
1822年	146	1842年	435	1862年	452	1882年	1,519
1823年	154	1843年	518	1863年	508	1883年	1,487
1824年	165	1844年	544	1864年	554	1884年	1,498
1825年	167	1845年	607	1865年	723	1885年	1,220
1826年	150	1846年	614	1866年	881	1886年	1,517
1827年	197	1847年	441	1867年	976	1887年	1,449
1828年	218	1848年	577	1868年	992	1888年	1,457
1829年	219	1849年	630	1869年	939	1889年	1,660
1830年	248	1850年	588	1870年	1,075	1890年	1,579
1831年	263	1851年	659	1871年	1,207		
1832年	277	1852年	740	1872年	1,175		
1833年	287	1853年	761	1873年	1,246		
1834年	303	1854年	776	1874年	1,266		
1835年	318	1855年	839	1875年	1,230		
1836年	347	1856年	891	1876年	1,274		
1837年	366	1857年	826	1877年	1,237		
1838年	417	1858年	906	1878年	1,176		
1839年	382	1859年	977	1879年	1,173		
1840年	459	1860年	1,084	1880年	1,373		

我々は、1821年〜1860年の40年間に綿業がほとんど絶え間なく拡大してきたのを見る。産業恐慌がときどき綿業の縮小を引き起こしたとはいえ、産業恐慌後の２〜３年を通じて、綿業の規模は産業的活況に先行する時期におけるよりいつも大きかった。労賃は恐慌にいたるまでは恐慌後より高いということを考慮に入れることが必要ではあるが、もしも市場の不十分な消費能力と低い労賃が恐慌の原因であるなら、どのようにして恐慌後数年を通して市場はきわめて多くの商品を消費できるのであ

117

ろうか？ もしも恐慌が不十分な消費、生産の拡大に並行する商品に対する需要の拡大の不可能性によって引き起こされるのであれば、労賃も利潤も縮小している恐慌後数年を通じて、はるかに大量の商品のための市場が見いだされるという明白な事実が、まったく理解できないことになってしまう。英国人は、1827年に197百万ポンドの加工された綿の市場を見いだせたのに、何故1825年には167百万ポンドの綿の市場〔しか〕見いだせなかったのであろうか？ なるほど、綿業は、以前は国外市場に向けられており、そして引用された数字により立証されているように、国外市場は容易に拡大されうるとしても、逆に、国内市場にはそうした拡大の能力はより少ないのだ、と考えることもできよう。しかし、こうした見解への反論としては次の社会的事実を指摘すれば十分であろう、すなわち、英国においては国外商品輸入の額と量は概して輸出より急速に拡大しており、したがって、英国市場の消費力は少なくとも生産と同様急速に拡大している。

そうしたわけで、もう一度繰り返しておこう…商品の大量の生産、産業恐慌後に一国によって消費される高額かつ大量の生産物という事実は、恐慌の原因が一国民の不十分な消費力に、つまり労賃の低い水準にあるのではなく（何故なら後者は恐慌の後、上がるのではなく下がるのである）、他の何者かにあるということを、反論の余地なく立証する。

さらに、もし労賃の上昇が産業の変動を予防し商品の販路を楽にするのならば、英国において労賃が上昇し始めて以来、産業の変動は弱り始め英国産業の発展はより急速かつ間断なきものとなるであろうことを期待すべきである。しかし、実際には正にちょうど正反対のことが起こった：30年代・40年代には英国労働者の状況は最悪で労賃が累加することはなく、〔むしろ〕急速に下落したが、英国産業は極めて急速に発展した。最近の20年間は、英国にとっては労働者階級のめざましい成功と労賃の上昇の時代であった、にもかかわらず、今世紀〔＝19世紀〕を通じた英国商業と産業の発展は、さほどゆっくりしたものでも周期的なもの

でもなかった。英国の輸出額曲線はほとんど上昇を止めたが、そのかわりその変動の振幅は何度も大きくなった。この対比から労賃のいかなる上昇も現代産業の変動を一掃することはできないということは、明らかではないのであろうか？

　労賃の大きさは、利潤のそれとまったく同様に、産業のあれこれの状況の原因でもなければ、結果でもない。商品市場の状況の好不調に応じて、労賃はあるいは上昇しあるいは下落する。労賃の上昇によって商品のための市場を創造するということは、工場主にとっては、自己の収入部分を労働者階級の利益になるようにする自発的な譲歩に等しいであろう；かかる譲歩は多くの面できわめて望ましいものであろうが、当の工場主の利害からしてそれを推奨することはできないであろうことは明らかである、工場主達は「余剰」商品を労働者に引き渡すよりは、それらを自分たちで使い尽くすことのほうを好むであろうから。

　同じくシスモンディに属する産業恐慌の原因の別の説明は、まったく異なる視点に由来する。上述の理論は、主に彼の最初の大著『経済学新原理』において発展させられたものである。本書の刊行後シスモンディはリカードと個人的に知り合いになり、全般的な商品の過剰生産の可能性に関する係争問題を継続的な対談において共同で討議する機会を得た。この対談の成果であるのは、『経済学研究』Etudes sur l'Économie Politique という小さな刊行物の 7 頁近くを占める、一つの興味深い注釈である。

　この注釈においてシスモンディは、商品に対する需要は拡大しないが労働の生産性は向上する商品流通という仮説的な場合を検討している。この分析の結論は（もっとも、かなり支離滅裂なのではあるが）、リカードの理論に決定的に有利であることがわかる、以下の引用からそのことが確信されよう：「我々は…とシスモンディは言う、…リカード同様、次のような結論に達する、もしも商品流通が障害なく行われるなら、その終わりには生産自身が需要をつくり出す；しかし我々は、この結論を、

ドイツの形而上学同様、時間も場所も完全に無視し、商品流通を中断させうるすべての障害を無視する条件下でのみ、得る；我々が問題をより接近して検討すればするほど、我々にはこれらの障害がより多いように見える*」。しかし実は、リカードはある部門から他の部門への資本の移動が何の障害も無しに行われるとは、一度も主張していない。リカードの理論は、もしも資本が相異なる産業所部門に需要に見合って配分されたならば、そのときには、生産のいかなる拡大も、販路を見いださない商品による市場の充溢を引き起こすことはできないであろうというものなのである。自己の論敵とかくも本質的な点で一致したにもかかわらず、シスモンディは我々がどんなものか述べてきたばかりの、そして今では多くの支持者をもつ恐慌論を認めないのである。

とはいえ、シスモンディは降伏しようとは決して考えない、そして即座に、少なくとも機智に富む新たな恐慌の説明を与える。シスモンディは生産技術の成功が商品流通に与える影響を検討する。その際彼は、労働生産性の上昇には実質労賃の増加は伴わないと仮定する。そうした場合、生産と消費のバランスの回復のためには、第一義的必需品生産に従事している労働者数は減少せねばならず、奢侈品生産に従事している労働者数は（資本家のために予定された彼らの利潤は、生産物全体における労働者の取り分の減少のおかげで増大する）…増大しなければならない。

「生産に必要な働き手の数を1/3ほど節約する新たな発明が、国民の貧困階級向けの消費物品を作っている全産業部門に継続的に導入される、と仮定しよう；これは、雇い主にとって儲けであろう、彼は10人の働き手のうち3人を解雇していた訳だが、以前より多くを生産することになるだろう〔から〕。…こうした事態の下では、個々の発見〔発明〕が既存の作業場の生産物への需要を減らし、未だ存在しない（奢侈品を納入する）作業場の生産物への需要を増やす。個々の発見〔発明〕の後には、貧困階級向けの消費物品を生産している若干の産業部分の存在は、

奢侈品生産の創出に依存するようになる。ところが実は、新産業部門の急速な創出は、自由資本と熟練労働なしには、不可能なのである」[**]。

かくの如く、個々の技術的発明は第一義的必需品に対する需要を縮小し、奢侈品に対する需要を増大する；他方、産業のある部門から他の部門への資本の移動は困難なので、商品による市場の充溢が、換言すれば産業恐慌が起こる。

> [*] Sismondi. Etudes sur l'Économie Politique, 58頁。〔1838年版　第1巻81頁以下参照、なお脚注は、高畠素之・安倍浩訳『経済恐慌論』205頁の「リカルドの結論は…」の文末に付された注のもので…邦訳ではカットされている…以下11頁にわたる。引用箇所は85・86頁。なお、1837年版では55頁以下を参照されたい。版によって頁づけは異なるようである。なお求仁郷訳本193頁を参照されたい。〕
> [**] Ibidem, 61頁。〔同前1838年版、88頁。〕

産業恐慌のこの説明は、シスモンディにより最初になされたのであるが、科学的社会主義の創造者の一人…カール・ロードベルトゥス＝ヤゲッツオウに受け入れられ、詳細に発展させられた。次の命題がロードベルトゥスの出発点である：「社会的貧困と経済恐慌とは一つの同じ原因によって引き起こされる；現代商品流通の一つの同じ特性が、均等的でかつ絶え間のない産業進歩に対するこれら2つの最大の障害を引き起こすのである。この特性は以下のようである：もし国民生産物の分配がまったく自由に行われるならば、社会の発展は不可避的に、国民的な労働生産性の向上の下で全国民生産物に占める労働者階級の取り分がますます少なくなる、という結果に至る」[*]。

換言すれば、ロードベルトゥスは、生存手段の最低限へ向かう労賃の自然的傾向に関するマルサスとリカードの有名な教義を、その後ラッサールによって独において「賃金鉄則」なる大げさな名称のもと、通俗化された教義を受け入れる。ロードベルトゥスは「原因と結果の関係の法則と同様、まったく疑いのない労賃の自然法則」という表現によって、

ラッサールがこの教義に与えた、必ずしも正しくない定式を承認した。[**]
ロードベルトゥスの事後のすべての結論は、論理的・不可避的にこの基本点から導かれる。

> *Rodbertus-Jagetzow, Zur Beleuchtung der Sozialen Frage. Berlin, 1875. Zweiter Sozialer Brief an v. Kirchmann, 24頁。〔吉田茂芳訳『恐慌論』ミネルヴァ書房、1960、132頁。〕
>
> **Karl Rodbertus-Jagetzow. Gesammelte klein Schriften. Berlin, 1890. 320頁〔原書の引用元の記述には誤りがあるので訂正しておいた。〕

実際、もし労賃がその自然形態において常に不変にとどまるとしたら、労働の生産性を増大させつつあるすべての技術的向上は、どのように影響せねばならないのだろうか？ 国民的な労働の生産性がある時点で増大し始めたと仮定しよう。以前、国民生産物は a に等しく、向上した生産能力投入後、それがたとえば $2a$ に等しくなるとする。にもかかわらず、実質労賃は上がらなかった；以前それが $a/2$ であったとすると、今もそれは $a/2$ のままである。しかし、以前、労働者階級の所得は、国民所得全体の半分を占めていた；これに関連して、国民資本の半分が労働者階級向けの消費物品の生産に振り向けられていた。今やその労働者階級の所得は、国民所得のわずか $1/4$ に過ぎない；もしも以前のように国民資本の $1/2$ が労働者階級の消費物品の生産に充用されるとすれば、労働者〔階級〕側での、彼ら向けにつくられた商品の増加分を買う能力のまったくの欠如故に、この種の商品の供給は需要を超過する。国民の下層階級の消費向けにつくられた最も質素な全商品の過剰生産が続く；他方、交易に向けられている商品大量の主要部分もこの範疇に属すのだから、商品による市場の充溢は産業恐慌の形態をとる。「労働の生産性の増大につれて、社会のヨリ大きな部分の消費力は縮小する、そして、この結果は、人口の多数それへの欲望が満たされていないにもかかわらぬ」[*]市場価値と購買力を持たぬ使用価値の生産である。

> *Rodbertus。Zur Beleuchtung der Sozialen Frage, S.50〔前掲吉田訳書、177頁〕

このようなわけで、ロードベルトゥスによれば、恐慌は労働の生産性の増大に伴う国民生産物中の労働者の取り分の縮小によって引き起こされる。その際、ロードベルトゥスは、恐慌は労賃の絶対的大きさによって引き起こされうるということを断固として否定しているということを心にとめておくのが肝要である。「私は、産業恐慌の原因は、全生産物中の労働者の取り分が不十分なことにあるのではなく、技術的成功に伴うこの部分の低下にあると確信しておりますし、また、この部分が今と同様かくも小さくとも、恐慌は到来し得ないと、更には、労働生産性の発展の下で、この部分が低下するだけで、いかにそれが〔絶対的には〕大きかろうと、恐慌は起こるであろうと確信しております」[*]。

　この理論の論理的構成はまったく正しいし、我々がシスモンディの第1の理論に与えた反論は、ロードベルトゥスによってさらに発展させられた彼の第2の理論にはまったく適用することができない。以前述べたことから、ロードベルトゥスがセイによってその「市場理論」で表明されているものとまったく同じ商品流通の条件認識に立脚していることは、容易に見てとれる。商品の過剰生産は、ロードベルトゥスの理論によれば、商品一般への需要の不十分性によってではなく、生存手段の最小限へと向かう労賃の傾向に依存する国民生産の不比例的配分によって生ずる。ロードベルトゥスが予測したすべての結論が、彼の第1の前提が正しいのであれば、起こらねばならない。

　　＊Ibidem, 57頁。ロードベルトゥスは自己の理論を、キルヒマン宛第1書簡（Erster Socialer Brief an von Kirchmann Berlin 1850; Ad. Wagner により1895年に再版されそして C. Rodbertus-Jagetzow 遺稿集第3部に収められた）、キルヒマン宛第2第3書簡（1875年、Zur Beleuchtung der Socialen Frage の表題のもと再版された）；キルヒマン宛第4書簡（遺稿集第2部等に収められた、タイトルは「資本論」）；個別論文…「商業恐慌と地主の抵当困難」Die Handelskrisen und die Hypothekennoth der Grundesitzer 1858 (Kleine Schriften von Rodbertus-Jagetzow. Berlin, 1890. に収められた）において述べた。ロードベルトゥスの理論は我がロシアにおいても支持者を見いだした。そこには

イサーエフ教授が属す。彼の『経済学原理』（サンクトペテルブルク　1894年　第Ⅴ章）と名づけられた著作所収の興味深い概説「経済恐慌」を参照。

　しかし肝心なのは、この前提がまったく正しくないということである。実質賃金の上昇という事実は、長期的には肯定も否定もされ得よう、しかし一つ疑いを得ないことがある：短期においては、貨幣賃金〔名目賃金〕は実質賃金よりずっと変動しないのである。ロードベルトゥスの全恐慌論は、国民生産物中の労働者の取り分の縮小があまりに急速かつ突然に起こるので、資本には変化した需要条件に適応する時間も、労働者階級の消費物品の生産から資本家の消費物品（国民生産物中のこの部分は増大した）の生産に移行する時間もないという前提にうえに構築されているものであることを覚えておこう。こうしたことはすべて現実には認められない：技術的な進歩はすべての産業部門で一度に実現するのではなく、相異なる労働部門で別々のときに少しずつなされるのである。何らかの発明が今日は製鉄業でなされ、明日は綿紡績業で明後日は生糸産業でなされる等々〔というように〕。もし更紗が値下がりになったとしても、対応する比率で貨幣賃金がすぐに下がるということはまったくないであろう、何故なら、マルサス‐リカードの労賃論に立脚してすら、労賃が生存手段の最低水準に対応していく過程は、恐慌に先行する２～３年ではなく、数十年という長い過程なのである。しかし、恐慌が起こるためには、数年間の交易の活況があれば十分で、それ以上ではない。この短期間に、実質賃金がその最低水準にまで落ち込む時間的余裕があると考えられ得るものであろうか？　実際、産業恐慌到来直前の貨幣賃金は、ロードベルトゥスの理論に十分よったとしても、より低いのではなく、一番高いことが知られている。

　というわけで、労働生産性の増大および生産物価格の値下げは、そうしたことが産業恐慌の直前に現実に起こったとしても、労働者の貨幣賃金を低落させることはできず、したがって、労働者の購買手段を削減することはできない。換言すれば、技術進歩は、ロードベルトゥスが前提

しているような意味では、産業恐慌の原因にはなり得ない。しかし、それだけではない：現実に産業恐慌は、技術進歩に引き続いて起きるのではないばかりではなく、逆に技術進歩が産業恐慌に引き続いて起きるのである。我々は先に産業恐慌が技術進歩に与える影響について何度も話さねばならなかった；我々は、主要な発明はすべて、利潤が低く商品の販路が困難な交易の停滞期になされそして利用されるようになるという実業界の人々や、工場主、工場監督官の意見を引用した。交易の活況期は、恐慌に直接に先行しそれを引き起こすわけであるが、技術進化の加速によっても工場製品の値下げによっても特徴づけられず、逆に《技術進化の緩慢さと工場製品の値上げによって》特徴づけられる。ロードベルトゥスの理論がどれだけ現象の正確な首尾一貫性を歪曲しているを納得するためには、1820年〜1850年に於ける綿織物価格の表（先に184頁に掲載）を見れば十分である：彼の理論は結果を原因と見なし、原因を結果と見なしている。

　概して、ロードベルトゥスの理論は、論理的には整然としており説得力もつものではあるが、現実の事実をまったく無視してまったく先験的に組み立てられている。1825年、36年、47年、57年およびその後年の産業恐慌は、いかなる発明によってもたらされたのであろうか？　当のロードベルトゥスが、今世紀〔19世紀〕前半における英国恐慌史の叙述（第1「社会書簡」における）に際し、あたかも自己の理論をまったく忘れたかのように、恐慌に先行する時期、国民生産物中の労働者階級の取り分は労働継続時間の延長〔労働生産性の増大とあるべきところと思われる〕のせいで減少するということを証明しようともしていないことは興味深い。彼は生産の拡大と交易の活況が個々の恐慌を引き起こすことを指摘している；もちろん、このことは誰も否定しないが、生産の拡大は…労働生産性の増大を意味しない；他方、ロードベルトゥスの理論によれば、恐慌はひとり後者の事情だけによって引き起こされるのではなく、それに伴う国民生産物中の労働者の取り分の低下にもよる。英国

恐慌史の叙述に際し、ロードベルトゥスはどちらも示していない。

さて、同じシスモンディに帰属する最後の恐慌の説明へと移ろう。

リカードとセイは、人間の欲求には際限がなく、それゆえ個々の商品に対する需要が供給に立ち後れることはあり得ないと主張している。しかしこの主張は、シスモンディによれば、次のような詭弁に基づくものである：商品一般に対する無制限な需要という概念の代わりに、そこに個々別々の商品に対する無制限な需要という概念がはめ込まれている。しかし、第1の命題が正しいのなら、第2のものは…偽りである。別々の種類の商品に対する需要は、いつも制限されており、それらの生産の増大は、それらが販路を見いだせないという結末に行き着く。

もしもすべての商品の生産が突然増加したとすれば、その第1の結果は、奢侈品および一般によりよい種類の商品に対する需要の増加であり、より粗末な種類の商品に対する需要の相対的な低下であろう。「同一の人数によって消費されうる食物の量は、容易にその限界に達する。この限界に到達した時、追加の食物量を供給するのは不利であり、食物生産者のそれ以上の労働は全て、食物の量の増大ではなく、質の向上に振り向けられねばならない。一定の人数によって着古される衣服の量は、さほど制限されてはいない：同じ衣服を一年中着ることも可能だとは言え、必要なら年に4回、8回と…だから個々の衣服はせいぜい6週間しかもたない訳だが…新しい衣服を手に入れることは、楽しい事であろう；しかし、どこかで止められなければならない、必要以上に生産されるであろう衣服の大量は、全く利用されないであろう…もしも生産力が不断に増大するならば、すぐにもそれは限界に達し、その後は生産量の増加は止まらなければならず、質の向上に関心が向けらなければならない。人間労働の産物にしてこの規則の適用されぬものは、一つとして存在しない*…。農業技術の進歩によって農民が自己の生産を拡大し得るとしても、彼は以前より多くの製造品を買い込みはしないであろう；恐らく、彼はそれらをより少なく買い、所得の余剰は奢侈品に支出するであろう（奢

侈品とは、生活の第一義的必要を満足させるもの以外のもの全てをいう）。従って、農民は市場から、第一義的必需品を作っている現存の製造所を取り去り、未だ存在しない新たな奢侈製造所の形成を引き起こす。同様に、製造業者が、何らかの新たな発明のおかげで、生産に取りかかりより多くを儲けるとしても、彼は、穀物の消費を増やさず、恐らくはより少量の購入にとどめ、余剰を食物の質の向上等に支出し高級農産物の生産を引き起こすであろう。かくの如く、製造業者と農民は自己の事業の改善へ向けて同一歩調で歩めるとしても、彼ら相互間の需要は、相互に釣り合いはしないであろう**」。

　　＊Sismondi. Étude sur l'Économie Politique. Du Revenu Social, 96頁.
　＊＊Ibidem. Balance des Consommation avec les Productions, 　60‐62頁.〔前掲、高畠・安倍訳書、205‐206頁参照〕

　このようなわけで、シスモンディによれば、生産の急速な拡大はすべて商品市場に次のような影響を与えないではいない：一番粗末な種類の商品（必需品）では、需要は相対的に縮小せざるを得ず、より洗練された種類の商品（奢侈品）では、労賃と国民生産物全体のなかでの労働者の取り分がどう変化したかとは相対的に独立に、需要は増大せざるを得ない。換言すれば、生産の拡大は、需要の性格の変化と第一義的必需品全体の、すなわち、商品大量の過剰生産を常に引き起こさざるを得ない。したがって、産業恐慌は、富の急速な蓄積と変化しつつある需要に瞬時に適応し得ないところの生産の急速な拡大の不可避的な結果なのである。
　この理論は、抽象的形態においてはまったく正しい。シスモンディは、国民生産の急速な拡大は常に需要の性格を上述の方向へと変える傾向を有するということを証明した。しかしこのことから、恐慌は現実にこの原因により引き起こされるということが出てくるのか？　我々の意見では、否である。
　どちらの事情も産業恐慌を引き起こしうるであろうことから、恐慌が

これらの事情によって引き起こされると結論することは未だできない。実際、すべての可能性が実現されるわけではない。同様に、シスモンディによって述べられた生産拡大の自然的傾向は、恐慌の他の原因に比し、とるにたらないわけで、それに大きな意義を認めることはできない。事実、現代社会においては人口の大部分は必需品を不十分にしか供給されていないので、必需品の生産は、消費者のより質の高い他の商品への移行を引き起こすことなく、何倍にも拡大され得るであろう。シスモンディの理論によれば、恐慌到来前、たとえば綿織物に対する需要は低落する、何故なら消費者は自己の綿織物に対する欲求は満足させたのであって、よりよい種類の織物…たとえばリンネルを手に入れたいと思うからである。これが正しくないということは言うまでもない。シルク生産は綿業に負けず劣らず恐慌に苦しんでおり、したがって、恐慌の原因を奢侈品需要の増大と見なすことはできない。

　ロードベルトゥスの理論によれば、恐慌の原因は、国民生産物中の労働者階級の取り分の低下である。この理論のメダルの裏側にはJ. S. ミルの理論をもってくることができよう、それによれば、恐慌は正に労働生産物中の労働者の取り分の増加と資本家と企業家の取り分の減少によって起こる。

　ミルは言う、「一国が既に巨大な生産と、貯蓄の源泉の役をする巨額の所得を持ち、それ故そこにはずっと以前から資本に毎年巨大な増分を与える手段が存在している時、次の事実はこの国（もしもこの国がアメリカの様に未だ耕作されない肥沃な土地という大きな蓄えをもっていなければ）の生活状態の特性の一つとなる、即ち、そこでの利潤率は通常最低限度の近くに張り付いており、そこからこの国は停止状態との正に境界にあるということこれである」。

　　＊この反論はシスモンディの以前の２つの理論にも同様に適用される。
　　＊＊J. St. ミル『経済学原理』第２版、サンクトペテルブルク、1873、第Ⅱ巻、265
　　　頁。〔邦訳、岩波文庫版、第４分冊73〜74頁〕

最低限度へのこの傾向は、ミルによれば、労賃の価値の最高限度への不断の傾向によっている。もしも人口は増加せず同時に資本は増大したら、賃金は、利潤が最低限度まで低落し資本増大も停止するまで、実質的にも貨幣形態においても、増加しなければならない。人口が増加したら、実質賃金は増大しないであろうが、その価値は労働者の食糧の価値の増加（今度は逆に、劣等地の耕作への移動によって引き起こされる）によって増大する。「正に利潤の低下傾向から恐慌はほぼ周期的に起こる。こうした恐慌無しに数年が経過すると、以前のものへの追加の資本が余りに蓄積されて、通常の利潤付きでその充用先を見いだす事は不可能となる：社会ファンドは高騰して高値となり、第一級商業手形に対する利子は極めて低いところまで低下する、他方で商業従事者は皆、儲かる段階ではないと愚痴をこぼす…安全な儲け全ての減少は、人々に、損失のリスクはあるがより高い利潤の期待を提示する全てのプロジェクトを喜んで受け入れようという気を起こさせる；ここから投機が始まるが、それは引き続く反動とともに資本の大量を一掃ないし外国人に引き渡し、利子と利潤の一時的な高騰を引き起こし、新たな蓄積に場所を明け渡す、そしてその後再び同じ循環が行われる＊」。

投機の強調一つによる産業恐慌の説明が不十分なことに関して我々が先に述べてきたことは、S. ミルの理論にもまるまる適用される。そのうえさらに、低利潤および低割引歩合は、決して常に産業恐慌に先行するというわけではない：たとえば、1857年恐慌と1866年恐慌の直前、割引歩合は数年間きわめて高かった＊＊。

＊J. S. ミル『経済学原理』、第Ⅱ巻、269頁。〔邦訳、岩波文庫版、第4分冊80～81頁〕

＊＊Wilh. Neurath 博士は正に同様に産業恐慌の原因を信用部面に見いだす（Die wahren Ursachen der Überproductionskrisen sowie der Erwerbs‐und Arbeitslosigkeit. Wien, 1892）. 彼の言によれば、恐慌の根本的原因は以下のようである：企業家は，実際の企業収益に関係なく，充用資本に対して一定の利子を支払わなければならない；もしも商品価格が、生産拡大や技術進歩の影響で低下

したら、企業家は債権者に対する自己の義務を果たせないことに気づく、そして恐慌が起こる、したがって、恐慌は「生産物の過剰生産によってではなく、あらかじめ定められた不変量の貨幣支払いの産業への賦課によって」引き起こされる（Die wahren Ursachen etc. 16頁）。すべてこれらは正しい；しかし、生産物の価格は、何故企業家が充用資本に対する利子が払えないまでに低下するのか？　その事情の説明にこそ、全問題は存する。

　最後に、ヘンリー・ジョージは恐慌の原因を地代部門に見いだす。彼の言によれば、「個々別々に見ても全体としてみても、恐らく、文明諸国に固有であるところの、産業停滞の周期的到来の主要原因は、労働と資本の所得を縮小し、生産を停止させている地価の投機的高騰である」。発展しつつある社会においては、地代は不断に上昇する傾向を有する。それ故土地所有者は皆、自分の側に苦労も厄介ごともない自己の財産価格の上昇を期待する。このことは土地投機への傾向を引き起こし、そして地価は農産物がその費用を埋め合わせるのをやめ、その増大が食い止められる限界まで上昇する。その後、他ならぬ「投機的な地代ないし地価の上昇…これは土地所有者による労働者と資本家のロックアウトに等しい…によって」引き起こされた、恐慌が起こる。

　この理論には、非常に強い国民性が刻印されているから、この理論が英国の恐慌の説明に妥当しないことを証明することは恐らく必要ないであろう。先に述べたように、合衆国においては、土地所有が実際、恐慌に先行する時期に最も好まれる投機手段なのである（とはいえ、このことから、土地投機は、恐慌到来の兆候なのではなく、原因なのだということにはならない）。しかし英国においてはまるで違っており、〔そうしたことは〕観察されない、したがって、ジョージの理論はいずれにせよ、著者が言う如く、アメリカのみならずヨーロッパの全産業恐慌の起源を説明するということはでき得ないのである。

　＊Henry George. Progress and Poverty. London, 1886. 185頁。〔山嵜義三郎訳『進歩と貧困』日本経済評論社、1991、195頁参照。版が異なるためか同一で

はないが、同様の記述が存在する。なお、原書には多数の版が存在する。〕

**Ibidem, 190.〔前掲訳書、199頁参照。〕

　我々は最も重要な恐慌理論を検討した。この検討の結果は、十分満足であるとはいえないものであった；理論の多様性という一つの事実がすでに、それらの一つとして真理に富んだそして周到な問題の解決を含んでいないことを証明している。マルクス＝エンゲルス学派は、現代経済組織の正に本質…自由競争と社会的生産の非組織性から恐慌を導いているわけであるが、我々の見解によれば、この学派はまったく正しい視点に基づいてはいる；しかし、この視点は不十分にしか発展させられなかったので、この学派の教義のなかには、産業的隆盛期と産業的沈滞期との規則的な交替の十分な説明は見いだされない。シスモンディ＝ロードベルトゥス学派は、我々の見解では誤った出発点に基づいており、現実的歴史的諸事実と矛盾してしまっている。残余の諸理論は、恐慌の内的諸原因を確かめ恐慌を説明しているというよりはむしろ、ただその外的兆候を記述しているに過ぎない。恐慌の諸原因と、他のすべての経済現象の変わりやすさと偶然性と著しいコントラストをなす恐慌の驚くべき周期性の諸原因に関する問題は、多くの解答が提案されているにもかかわらず、現在においても事実上未解決のままである。

　前章において、我々は資本制経済に於ける資本の流通過程の分析を与えることに努めた。この分析の結論は、以下の命題に簡単に表されよう。

1）生産拡大および新資本の生産的投資は、生産力の実在とその個々の労働部門への適正な配分のもとでは、常に可能である。

2）社会的生産の適正な配分は、大いに困難かつ複雑な過程であり、そのうえ経済がより複雑で、より広範で、より多様であればあるほど、その困難性はより大きい。

3）外国から大量の商品を輸入している国においては、生産の拡大は、ただその国の商品に対する外国の需要も釣り合って拡大するという条件のもとにおいてのみ可能である。

第3の命題は、第1のものと矛盾しているように見えるかもしれない。しかし、矛盾はここには何もない。第1の命題においては、我々は、国民的生産にではなく、すべての経済全体…それは、その経済単位の間で交換が行われているところの総体である…に関して語っている；第3の命題においては、我々はこの全体の部分、各々の国の経済に関して語っているのである。もしも一国が外国から大量の商品を輸入し、他方外国市場における自己の商品に販路を見いだせないなら、これは、国民資本の世界産業における不適正な配分の確実な兆候なのである。資本は、はじめの国から外国へ移転しなければならず、そのとき、商品の需給の均等が再建される。

　さらに先へ進む前に、我々はさらに以下のことをしっかりと身につけておかねばならない；すべての生産は、その存在という一つの事実によってすでにある商品への需要を惹起する。無からは何ものをもつくることはできない；新たな商品をつくるためには、原材料・労働手段・労働者用の消費物品を入手する必要がある。個々の労働部門の生産拡大はいつも、他の労働部門で生産された商品に対する需要を増大する；生産増強への刺激は、一つの労働部門から他の労働部門へと伝播し、それ故生産拡大は《いつも熱病的に作用し、全国民経済を包摂する傾向をもつ》。しかし、他面、各個の労働部面における別々の生産拡大はほとんど不可能である、というのは、全労働部門の比例的な生産拡大のもとにおいてのみ、新たに生産された商品への需要は見いだされるからである。それ故、我々は以下の結論にいたる；一面、部分的な生産拡大はすべて全般的になる傾向を有するが、他面、部分的な生産拡大が実現されるのはきわめて困難である。

　今や我々は第4の基本命題を確かめなければならない。

4）資本蓄積は、いかなる生産拡大も存在しない場合でも、生産縮小下でさえも起こりうる。

実際、資本制社会においては山ほどの所得が存在するが、その大きさ
は国民生産の状況にはほとんどあるいはきわめてわずかしか依存してい
ない。国民所得のうち、レントという項目に含められるもの…資本に対
する利子ないし地代のことである…の大部分はこちらに関係している。
国民所得の諸カテゴリーのなかで、商業や産業の状況によって年々最も
大きく変動するものは、企業家の利潤であり、次いで労賃である。収入
のこれら二形態は、生産拡大期および産業活況期には増加し、商業沈滞
期および生産減少期には減少する。しかし、レントすなわち私的な事業
ではなく何らかの形態の資本所有に基づく収入は、産業の変動の影響を
ほとんど被らず、絶えず増大する。たとえば、国債の利子、抵当貸付や
債券等々の利子は、原則として不況の年も活況の年同様にきちんと支払
われる。地代は長期間には低下するかもしれないが（たとえば、英国に
おける地代は、ここ20年間に著しく低下した）、しかし、すでに賃貸契
約は普通多少とも長期にわたって契約されるという一事に照らして、商
業や産業の短期の変動が地代に何らかの影響を与えることはあり得ない。
こうした所得すべての大きさはどうかというと、それに関しては、1880
年の連合王国に関する次の資料により、判断できる。[*]

  ＊First Report on Trade Depression. App. F.〔トゥガンの原書では縦組みにな
　っているが、横組みに直した。なお、表題などは存在しない。〕

連合王国の全課税収入　　　577

	当該数
1）土地からの収入	70
2）家屋敷・建物からの収入	115
3）財務局から支払われた国債等の利子からの収入	40
4）外債・植民地債・鉄道債等からの収入	29
4項目合計	254

（百万ポンド・スターリング）

　かくの如く、連合王国の全課税収入のおよそ半分が産業の変動からほ

とんど独立している。このことを心にとめておくことが重要である。我々は、第2命題において、現代経済組織のもとでの生産拡大は多大の困難を伴うのであって、この困難は産業および商業の進歩に応じて増大するということを述べた；今我々は、資本蓄積はそうした障害に出会うことはないということを見る、何故なら、山なす収入は産業の変動にまったく依存しておらず、しているとしてもきわめてわずかであるから。産業の衰退期に別のタイプである金利生活者が活況期ほどには貯蓄しないと考える理由はどこにもない。逆に、衰退期には商品価格は低く生活費および一般にすべての出費は低下するから、この時期金利生活者の貯蓄は増加する傾向をもつ。しかしそのかわり、残余の大衆の貯蓄、企業家と労働者の貯蓄は産業沈滞期には大きく低下しなければならない。これら2つの事情の比較考量を受け入れるとき、我々は次の結論にたどり着く；資本蓄積は一般に生産拡大より均等に進行する；資本は順調な時期にもそうでない時期にも蓄積される、もっとも後者の場合にはより緩慢ではあるが。

　こうしたことすべてを理解したからには、我々にとって、資本制経済における恐慌の周期的反復の原因を知ることは、難しくはないであろう。資本の増大、資本の蓄積は、絶え間なく行われる；しかし、生産の拡大、工業生産施設への資本の投資は不断の抵抗に出会うが、蓄積される資本はそれに打ち勝たなければならない。大なり小なりの余剰資本、自由資本が形成され、それは市場で投資先を探す、しかし上述の生産拡大の困難性により、投資先は見つからない。少しずつではあるが自由資本はますます貯まってくる。投資されない資本はその所有者に何らの所得も生み出さず、それ故、こうした余剰資本が多ければ多いほど、所有者はそれを投資する機会をより執拗に探し求めることはまったく明らかである。一方、産業は新資本の受け入れに抵抗するが、他方、資本は不断の成長力をもってそこへ押し寄せる。結局、自由資本がたくさん貯まり、その結果、産業の抵抗は打ち負かされる、自由資本は産業に入り込み投資先

を見いだす。産業の活況期が到来する。

以上、我々は生産の拡大においては第一歩が難しいということを述べてきた；しかし、生産部門全体の相互の依存性により、一労働部門における生産拡大は、国民経済全体が包摂されるまでは、一労働部門から他部門へ、熱病的に拡散する傾向を有する。今や我々はこの過程をより詳細に説明しなければならない。

自由資本（たとえば、預金の形で銀行に横たわっており、手形割引等々に支出されていない）は、潜在的な購買力以外の何者でもない。この購買力は、産業的沈滞の年に絶え間なく蓄積されてくるもので、資本が自由であるうちは商品市場へは何らの影響力も与えない。しかし、資本が何らかの形態で投資されるや否や、その潜在的購買力のすべてが急速に活性化するのである。例えば、自由資本の所有者が、それを新たに建設された工場ないし建設中の鉄道の株式に投資するとしてみよ。第1の場合も第2の場合も、株主から得られたすべてないしほとんどすべての資本はきわめて多様な商品の購入に使用される。工場なり鉄道なりを建設するためには、建設用資材（材木、レンガ、鉄等々）を買い付けねばならず、種々の機械も入手せねばならず、労働者も雇わなければならない等々。建築用資材は、機械と同様、天から降ってくるのではなく、他の産業部門で生産される。追加労働者は、食糧、衣料、家具等々の消費手段への需要を増加する。一言で言えば、購買力の潜在的な状態から顕在的なそれへの資本の転換から恩恵を被らないであろう産業部門を指摘するのは難しいということである。

それ故、資本が産業に入り込み生産拡大に投下されるときには、商品価格が急速に上昇し産業がすぐさま活気づくことはまったく明らかである。産業はあたかも突然新市場を切り開いたようなものである；以前は銀行になす術もなく横たわっていた十億〔非常に多く〕の資本からなるこの市場は、生産の拡大以外の何ものでもないものによってつくり出されるのである。しかし、産業にとっては、突然の需要拡大が何に基づい

ているのかはどうでもよい；産業にとってみれば、重要なのはただ貯まった総額までそして資本の当該契機に支出された総額まで、需要が現実に増加することだけである。商品価格は急速に上昇し生産は全分野で拡大する。

このようにして2～3年が経過する。過去数年間に蓄積された資本は徐々に支出される。商業的沈滞期に資本の蓄積がその支出を凌駕したのと同様に、今度は資本の支出がその蓄積を凌駕し始める。そしてこれはまったく明らかである。産業家や商人は皆、今あるいはいつであれ自分が高い利益を上げないとならないことを知っている、その高い利益が商業的沈滞の長い年々彼に埋め合わせをしてくれるのだ。皆、高い価格を利用して、生産拡大が可能な限り、なるべく早くなるべく大量に商品を売りさばこうと努める。資本の蓄えすべてが使われ始める。余剰のままにとどまっているものすべてが急いで生産に投資されるばかりではなく、産業はあらゆる手段で外から資本を引き寄せようと努める。こうした理由で、このとき、信用は最後の限界まで拡張される；資本は不足し、資本に対する需要が供給を凌駕し、信用に置き換わる。

結局、先行する数年に蓄積された余剰な自由資本はすべて、使い果たされる；工場が建設され、鉱山は拡張され、新たな鉄道が敷設される。年数千ないし1億ポンド・スターリングにものぼる、以前に蓄積された資本の、活況の年々の支出のうえに基礎をおく余剰需要はすべて急速に途絶える。工場や鉄道が建設されるまでは、それは純粋な需要であった。工場や鉄道が建設されたときには、それは主として供給なのである、何故なら、今工場でつくられた商品ないし鉄道で送られる積み荷は、しかるべき利潤を伴って以前なされた出費すべてを埋め合わせなければならないのであるから。商品市場の状況は急速に変化する；以前、商品は提供される以上に求められた（一国の固定資本の拡大のために）、今や（固定資本が拡大されたとき）商品の供給が拡大した、他方、それらを購入する手段は減少した。それ故、商品は市場を溢れさせ買われること

第Ⅱ章

をやめ、全般的な商品の過剰生産の状態が訪れ商品価格は低下し、利潤は縮小し、商業と産業は衰退に向かう。産業循環のサイクルは以前の姿で再び始まるよう終わりをつげる。

　我々は前章において表式の形で資本の循環過程を示した；しかし、これらの表式からは、恐らく、そのような商品の全般的過剰生産の可能性を導きだすことはまったくできない、そのことを我々は今断言する。商品価格下落の不可避性についていえば、我々は国民労働の不比例〔不適切な配分〕については一言も言及しなかった。もし資本がすべての生産部門間に適切に配分されているとすれば、一体どうすれば商品が過剰におちいり購買者が見つからないということになるのか？　何故、新たに建てられた工場で生産された商品は、我々が上に引いた表式で前提したようには相互に交換されず、かくて自身で市場をつくらないのか？

　この原因は以下にある；前章で引いた表式において、我々は交換手段としての貨幣の役割をまったく無視した。我々は、考察の簡潔さのために商品は直接相互に交換されると前提した。かかる場合、当の商品が唯一の購買力であるのだから、その商品に対する需要は供給をしのげないであろう。しかし実際はそうではない；実際は、商品は商品によってではなく貨幣によって購買される、それ故、購買力は商品からは独立して存在するであろう。購買は販売行為の後に続かないであろう、獲得された貨幣は保持されうるのである（もちろん、貨幣はただ購買力の表現なのであって、自然的形態で保持される必要はない）。現実に、商業的沈滞期における購買力は生産よりも急速に増大する、それ故、拡大しつつある購買力の余剰が形成される；その後、たった今我々が明らかにしたように、この購買力の余剰は支出される、それ故、生産の増大にもかかわらず、購買力の一般総額は低下し、商品価格は不可避的に低下せざるを得ない。

　商品の過剰生産とは、その下では商品が以前の価格では売られ得ない市場の状況を意味する。ある時期（たとえば、貨幣パニックの影響のも

137

とでは）商品の購買は、いかにその価格が低かろうと、まったく停止するであろう。しかし、市場は長期間こうした状態にとどまることはできない。概して、商品市場における問題は、商品販売の可能性にではなく、ただ価格に、それで商品が販売されるであろう価格にある。商業の回転の減少ではなく、商品価格の下落が、商業の崩壊と称される。そしてこのことは十分明らかである。企業家の視点からは産業と商業の唯一の目的は、儲け、すなわち、仕入れないし製造の価格と比較しての商品の販売価格の剰余である。もしも商品価格がその生産費を下回るならば、商品価格が再びしかるべき高さに上昇するように、生産は停止するか縮小せざるを得ない。にもかかわらず商品価格のこうした低下は追加購買力（以前に蓄積された資本）が消費されてしまったもとで行われる。産業的活況の時期において、こうした資本が支出されているときには、すべての商品の価格は上昇するのを常とする；したがって、相異なる商品の消費から作りあげられる生産費もまた上昇するのを常とする。余剰資本が消費されてしまいすべての商品価格が下落したときには、価格下落はより以前につくられた同じ商品の生産費を埋め合わせることはできない、したがって、生産は赤字になる。商品に対する需要がその生産費の支弁に不十分なこの市場の状況は、《商品の全般的な過剰生産》と称される。

　しかし、全商品の価格を低下させる上述の原因とは別に、それとは関係なく、余剰資本の支出停止は、不可避的に国民生産の配分と需要の性格との不一致をも引き起こす。すなわち、固定資本の拡大は、この目的のために予定されているものへの需要を拡大する；材木、鉄、機械、および同類のものがしきりに生産されまた購入される。固定資本の拡大が止んだときには、これらすべてのものへの需要が停滞し、これらの生産に支出された資本は他の産業部門へ移動しなければならない。国民生産は、新たな仕方で配分されなければならない（以前それは第2表〜第4表にしたがって配分されていたが、今や、生産拡大は緩慢になったないし、まったく止まったからには、第1表にしたがって配分されなければ

ならない）。しかし、商業的沈滞期における生産の新たな配分は、産業部門全体が生産を拡大するのではなく縮み指向に懸命であるときには、まったく不可能であり、それ故、労働手段や建築材料を製作している産業部門で過剰な資本は、どこへも移動することができず、商品価格はさらにより下に下がらざるを得ない。

このように、資本制生産における商業的活況と沈滞の交替は、2つの条件の実在のもと不可避なのである：生産の非組織性と自由資本の急速な蓄積という2つの条件の。国が豊かであればあるほど、そこで蓄積される資本が多ければ多いほど、産業の満ち干は、より鋭く表れざるを得ない。産業変動は資本蓄積が最も速い国、すなわち英国において最も激しいことは、まったく明らかである。

しかし、英国における産業変動の鋭さはさらに特別な原因に依存している。今にいたるまで我々は産業変動に与える外国貿易の影響については何も語っていない。しかし、周知のように、英国は莫大な量の商品を外国から輸入している；英国および外国市場に必要なものがそこから流れ出ており、その影響のもと、既述の国の固定資本拡大過程はきわめて複雑になる。

英国における生産拡大は、外国による英国商品への対応する需要拡大なしには不可能なので、この状況は、蓄積された資本の支出期に英国産業の活況を妨害しないではいないように見える。実際には、この障害は次のようにして回避される。英国自由資本は二様に投資される；第一、その一部は国内で、固定資本の拡大に支出される；第二、他の部分は外国政府への借款の形で、外国による株式企業・鉄道・工場等々の設立の形で、外国へ行ってしまう。こうした外国へ行ってしまう資本はすべて英国産業にとって、無駄に消失してしまうわけではない…反対に、それはきわめて大切な機能を果たている；それは外国で英国商品への需要をつくり出し、そうすることで、国内に残った蓄積された資本部分が、生産的利用先を見い出すのである。

さて我々は最も重要なところへ移らなければならない、…すなわち、説明された理論は、抽象的、独断的な体系ではなく、現実生活の諸事実から直接流れ出し、それらを説明するものであるということを証明しなければならない。

個々の恐慌の叙述に際し、我々は活況の到来に先行する時期においては、貸付け市場は投資先を探しているが見つからない自由資本で塞がれているを常とすることに気づいた。それ故、かかる時期には割引歩合は通常（いつもとは言わないまでも）きわめて低いことを常とする。英国における産業的活況期は2つの要因によって特徴づけられる；多くの英国資本が外国へ行き、国内では額を増した資本が、株式会社や工場や交通路の設立や設置に支出される。1823〜25年、1833〜36年、1855〜57年、1864〜1866年、1871〜1873年、1880〜1882年、そして1887〜1890年はそうした年であった。1845〜1847年には、英国資本は国内にとどまったわけだが、国内には鉄道網建設のために巨大な資本需要があったというのがその原因であった。

さらに、多くの恐慌の特性は、取引所恐慌は産業恐慌の遥か以前に突発的に起こるということである。たとえば、1836年の産業恐慌より以前に1835年の取引所恐慌があり1847年の産業恐慌より以前に1846年の取引所恐慌があり、1857年と1873年の産業恐慌には、1856年と1873年5月の取引所恐慌が先行した。このことは次のようにして明らかにされる；取引所恐慌とは、自由資本が取引所に流れ込むのをやめ、証券相場〔курс биржевых бумаг〕をあげるのをやめたことを意味する。資本が豊富に提供されているときは、株式相場〔курс биржевых ценностей〕（最近では資本投資のおそらく最重要形態である）は、いつも自然と高い；株〔биржевые ценности〕に対する需要は供給を上回る。自由資本がほとんどまったく残っていないときには、取引相場〔биржевые курсы〕は不可避的に崩壊せざるを得ない、何故なら、証券〔биржевые бумаг〕の供給が需要を上回り始めるのだから。それ故、取引所における恐慌は、

140

蓄積されたすべての資本ないしはその大部分が投資先を見つけたという
シグナルの役目をする。とはいえ、産業はさらに若干の間活況でありう
る、何故なら、産業の活況は資本の消費に支えられているのであるが、
資本は、突然、一気にではなく、徐々に消費されるのであるから。たと
えば、1846年すでに英国では、鉄道株投機はその相場下落によって幕を
閉じ、鉄道への資本集中は一時停止した；しかし資本消費はこの時期に
始まったのみであった。1847年、何よりも資本は鉄道建設に使われた、
もっとも、新たに発行された鉄道株と鉄道債券はほとんど 1/3 にも縮
小されたのであるが。

〔＊当時の取引所事情に詳しいわけでもなく、辞書に適訳があるわけでもない
ので、以下いくつかのタームには一応の訳の後に原語を併記した。専門家諸
氏の御教授を乞いたい。〕

しかし資本の消費が終焉に至ったときには、産業恐慌が生ずるのであ
って、これは英国では1847年末に起こった。同様にして1873年5月のウ
ィーンの崩壊は即座に全ヨーロッパの株式相場の下落を引き起こした。
新たに発行される証券の総額は至るところで大幅に縮小されたが、英国
産業は1874年においてさえ重くるしい状態ではなかった；資本の消費は
いまだ途絶えていなかったのである。しかし、1875〜1878年、恐慌の始
まりから数年をへて、英国の交易と産業の停滞は極限に達した。

上に引いた合衆国における鉄道網建設の数字は、現代産業発展の周期
性の原因が固定資本経費の周期性であることの最良の証拠である。これ
らの数字は年々規則的に変動するのであって、産業的活況の年には上が
り、産業的衰退の年には下がっている。もしも我々が、鉄道1マイルご
との建設によってどれほど巨大な需要が生み出されるのかを想起するな
らば、アメリカの鉄道に鋳鉄や建設に必要なその他のものを納入してい
る英国産業が何故に年々同じ規則性を持って変動しているのか、我々に
とってはまったく明らかであろう。＊

＊「次のように言えるであろう、すなわち、文明諸国のほとんどにおける鉄道網は、体系的につくられたのではなく、一つの計画のもとにつくられたのではなく、周期的につくられたのではなく、刺激によってつくられたのである。そしてその建設は、あるいは完全に止まり、あるいは強力なエネルギーをもってなされたのである。」（Erwin Nasse. die Verhuetung der Productions Krisen durchstaatliche Füersorge. Jahrbuch füer Gosetzgebung etc im Deutschen Reich, III, 153頁）

　諸種の有価証券〔денежные бумаги〕（資本投資の最重要形態の一つであるところの）発行の変動に関しては以下の資料によって判断されよう；

新たに発行された有価証券（株式、債券、地代、等々）[＊]　　（100万£）

	英 国	全世界		英 国	全世界		英 国	全世界
1870年	39.6	92.3	1878年	40.2	59.2	1885年	55.6	78.0
1872年	81.5	311.6	1879年	50.9	56.5	1886年	93.9	101.9
1873年	79.5	154.7	1880年	69.9	122.2	1887年	96.8	111.2
1874年	81.8	119.2	1881年	97.8	189.4	1888年	140.8	160.3
1875年	45.3	62.7	1882年	95.3	145.6	1889年	178.9	207.0
1876年	42.3	43.2	1883年	69.7	81.2	1890年	125.9	142.6
1877年	35.1	51.5	1884年	91.5	109.0			

＊1880年までは、Commercial History and Review of 1882（『エコノミスト』1883年2月24日）、1880年以降は Commercial History and Review of 1890（『エコノミスト』1891年2月21日）。

　商業的停滞の年である1875～1878年と1883～1886年には発行された証券〔бумаги〕数の減少（すなわち、資本投資の減少）が表されており、商業的活況の年（1870～1873年、1880～1882年、1887～1890年）には、有価証券発行の増加、換言すれば、固定資本の増大が表されている。

　上で我々は年々の鉄価格の変動を引用した。我々は鉄価格が見事な規則性をもって変動するのを見た；毎回、産業が活発な時は、鉄価格は上昇し、逆に産業が停滞するときには鉄価格は下がるのである。70年間全体を通して、産業恐慌の到来以前に鉄価格が低いとか、産業恐慌の到来後にそれが高いとかいったことは、一度もなかった。他の商品の価格、

たとえば穀物のそれ（先の444頁、参照）はかくも規則的には変動しないということを、覚えておこう。産業の変動と鉄価格の変動のかかる一致は一体何に依拠しているのか？　鉄は、現代では主要な素材であって、それから交通路、機械、軍艦等々がつくられる。鉄に対する需要で一国の固定資本の増大に関しては判断できよう。もしこの需要が大きければ、つまり新たな工場、鉄道、軍艦等々がたくさんつくられるということである；もし、需要が小さければ、固定資本の拡大はいったん停止したのである。鉄価格の変動と産業の変動の一致は、活況期は資本投資の増強期であることを証明しているが、それは〔さらなる〕証明を要す。

　しかし、産業的活況の時期には、英国人が「investment」と呼ぶところの資本投資が生ずることには恐らく反論できまい。恐慌に先行する国民経済の状況の最も普通の特徴…トゥークに始まりハインドマン*に至るその全歴史家による恐慌記述に繰り返される特徴は、「発起マニア」の出現である。そのときには、皆先を争って自己の自由手段を何らかの事業に投資しようと急ぎ、他方、抜け目のない取引所の仕事師たちは、過度に信じ込みやすい大衆の金に乗じるために、こうした場合を利用する。株式〔фондовая биржа〕取引所における投機は、自由な状態から束縛された状態へ、潜在的購買力から顕在的なそれへ移行せんとする資本の熱望によってまさに引き起こされる。概して産業恐慌接近の普通の気配や兆候のすべては、上述の恐慌の基本的原因…蓄積された資本の消費の顕現である。

　もし〔これまでに〕述べられた理論が正しいとすれば、それは産業恐慌到来の周期性を説明しなければならないばかりではなく、最近観察される産業変動の性格変化の原因をも示さなければならない。以前英国では、はっきり示された産業的活況と上昇の時期に、同様にはっきりした、だが長くはない停滞が続いた。商業や産業は急速に発展した、もっともその発展は10年ごとの恐慌によって中断されはしたが。今日、恐慌は止んだ、しかし、順調な時期の産業の活況もまた止んでしまった。商業的

停滞期は商業的活況期に対し優位を占めるようになり、英国商業および産業の成長は止んでしまった。恐慌は急性的なものから慢性的なものとなる、それで、今世界中の産業はほとんど絶え間なく、商品の全般的過剰生産…需要と比較した供給の過剰を示す恐慌にさらされている。

〔＊訳注　Henry Hyndmam（1842-1921）のことと思われる。98頁の注、参照。〕

　生産力が空前の規模まで拡大しているこのときに、国民経済と国富の発展のこの緩慢さは何によっているのか？

　我々は、前章において、資本制経済における生産の拡大がいかに大きな障害にでくわすか、説明に努めてきた。資本制経済が若干の諸国に集中しているときには、生産の拡大は比較的容易に実現されるのであって、このことは今世紀の初めの70年間の英国産業の急速な成長によって証明されている。この全期間にわたって英国は、世界貿易におけるほぼ完全な独占を利用したのであって、英国は全世界に工業製品を納入したが、それらは英国が原材料として必要とするものと交換されたのであった。綿紡績工業製品が英国の大部分の輸出品であったが、それを英国は主として自然経済が優勢な諸国へ売りさばいた。しばしば貿易はバーター的性格を帯びた、たとえば、40年代の中国との貿易がそうである（126頁、参照）。生産物と生産物とが交換されるのであって、貨幣はただ価値尺度の役割を果たすにすぎない。英国工業製品の消費者は、販売目当てに生産するのではなく、主に自家用消費のために生産していた；英国商品を仕入れていた諸国の市場へは、何らかの事情で国内では余剰であることが判明した製造品が差し向けられた。英国は、ただ販売向けに予定された産業をもつわけだが、需要に見合った国民生産を比較的容易に配分することができた、というのは、交換単位の相互依存関係が比較的狭い範囲に限定されていたからである。

〔＊この頁は1847年恐慌に関する記述の一部となっている。独版、仏版には同様の記述は存在しない。〕

昨今、国民経済の諸条件は変わってしまった。世界のすべての文明国家が、資本制的交換経済の輪のなかへ引っぱりこまれた。ますます多くの新たな国々が、ますます多くの新たな産業部門が、ただ販売のためだけに働き始めている。次第に全世界の国民経済は、一つの巨大な機構になるが、そのなかで各個の車輪、各々の細部は、機械全体の動きを抑制するのではなく、促進するために、せき立てられざるを得ない。以前には、商品の需要と供給を等しくするためには、しかるべき比率での単一の国民生産の配分が必要であった；今度は同様に、販売向けに働いている世界の全生産の〔しかるべき比率での〕配分が必要なのである。交換経済の範囲の拡大に一致して、その一定の要素の適切な配置の困難さも増したことは、まったく自然である。商品の供給過剰はすべての産業部門で、すべての国で、慢性的な現象となった、それ故、生産は至るところで拡大しようと努め需要に圧力を加えるが、同時に商品価格が下落することなしにはその目的を達し得ない、何故なら、複雑で不明確な現代経済のもとでは、需給の均衡はほとんど解決不能なのであるから。

　生産者は自己の努力によっては需給の均等にたどり着く能力をもたないという、我々の時代に特有の競争の強化に対する不平だけが表明されている。

　すべての歴史的時期には、人々により体験された歴史的契機の特徴により前面に押し出された特別の課題がある。以前の時代には、国民経済の課題は、自然に対する人間の支配力の拡大、生産方法の改良、国民的資本や国民的富の増大であった。現代人は、こうしたことに関し、驚くべき成功をおさめた。

　自然に対する我々の支配力は無限であると率直にいうことができよう、そして我々の祖先が念願したことすべては我々の背後遠くに残されたままである。自然に勝つことは学びつつも、我々は今日に至るまで、たとえば、産業恐慌はそうしたものなのだが、社会的な惨禍との戦いには無力であることに気がつく。現代社会においては満たされない欲求が大量

に存在しよう、巨大な富みが蓄えられ得よう、有利な投資先を探す余剰資本が存在しよう、だがそれでもやはり、社会はこれらすべてを社会福祉の増大に利用するのに無力であることに気づくであろう、そして社会の圧倒的多数のメンバーは、周囲の豊かさにもかかわらず貧困に耐えていくことであろう。

こうした事態は、国民経済の現在の組織が一国の可能な限り大量の生産力を活用するという自己の使命を果たさないことを、証明している。無制限の競争の自由は、先行する歴史時代においては進歩的要因であり、西欧の国民的富みを大々的に増加させたであろうが、今日では、全文明社会を同時に取り込む我々の時代のより複雑でより広い国民経済を調整する力をもたないことがわかる。個人主義的自由の原理に代わって新たな偉大な原理が前面に出てきた…アソーシエーションがそれであるが、それは今日の産業の進歩に随伴する破局や不幸から人類を解放するにちがいない。我々の時代の最も重要な課題は社会改良である。しかし、この課題はいかに実現されるのか、どんな組み合わせで、人は個人の自由と社会的生産過程の規制の必要性とを和解させるのに成功しうるのか…これらすべてが将来を決定するにちがいない。

付録1

ブルガコフ

「ロシアの市場理論家（ヴェ・ヴェ氏、ニコライ―オン氏、トゥガン＝
バラノフスキー氏）」抄訳

〔以下はエス　ブルガコフの『資本制生産下の市場について』所収の
「ロシアの市場理論家（ヴェ・ヴェ氏、ニコライ―オン氏、トゥガン＝
バラノフスキー氏）」のうち、トゥガン＝バラノフスキーに関連する箇
所を訳出したものである（同書復刻版、152～158頁）。なお、省略部分
は所謂ナロードニキ派の代表人物、ヴォロンツォフ（ヴェ・ヴェ）とダ
ニエルソン（ニコライ―オン）に対する批判である。〕

　トゥガン＝バラノフスキー氏は市場理論家のなかでまったく特別な位
置を占めている。彼の結論を要約するとこうである。生産の資本制的形
態は国外市場を必要としない；生産の拡大それ自体が不断に拡大する市
場をつくり出すのであり、その拡大の程度はただ生産力の保有量に依存
する。国外市場はただ、一国に輸入される外国起源の商品と同じだけ必
要とされるに過ぎない。我々はこれらの命題を無条件に正しいと見なす。
トゥガン＝バラノフスキー氏の公式には、修正か生産の真の諸制限のよ
り正確な解明が必要とされる。これらの諸制限は、資本によりそしてそ
の自己増殖欲により与えられる；「生産諸力」の概念は、きわめて不確
かで漠然としている。多分、トゥガン＝バラノフスキー氏は、…地味、
鉱物資源の豊富さ等々…を自然の生産条件と考えている[3]。しかし、一方
では、これらの自然力を利用する人々の能力は、何か不変のものではな
く、生産技術の発展の高さによって条件づけられているし、他方では、

自然の生産力の不足は資本により外国貿易を通じて克服されている。もちろん、一国の自然の豊かさあるいは貧しさは…大いに重要な条件ではあるが、しかしそれは、生産の《社会的》諸条件の前では重要性を失う。

守勢にたたされたトゥガン＝バラノフスキー氏の議論は、不十分で矛盾している。とりわけ、資本制的商品流通を単純商品流通に帰着させるというセイ等から借りてきた基本視点は誤っている。しかし、多分、トゥガン＝バラノフスキー氏は、ただ対立する見解…マルサス学派の…と一致しないがためにのみ、この基本視点を受け入れているに過ぎない（もっとも一致しないためにはセイの見解に立つ必要はなかったのだが）。彼は、自己の表式分析に移るや否や、その視点を捨てる、表式は商品とはもはや関わりをもたないが、商品資本と関係し、その上、資本価値の確定諸部分…不変資本、可変資本そして剰余価値…は、それを代表している商品価値の構成要因に表れる。

トゥガン＝バラノフスキー氏の議論の本質はこれらの表式にある；それ故その表式についてより詳しく述べなければなるまい。まずはその構成の仕方に関して。トゥガン＝バラノフスキー氏の表式は、単純再生産と拡大再生産を図解するはずであり、マルクスの表式を「手本に」構成されているはずである。読者が覚えておられるように、マルクスの表式の主要な内容は、要約すると次のようである、単純再生産のもとで、第Ｉ部門の（$v+m$）がいかに消費されそして第Ⅱ部門の c がいかに回復されるのか、拡大再生産下で、蓄積された第Ⅱ部門の m 部分に対応する部分はいかに不変資本に変わるのか、そして蓄積された第Ｉ部門の m 部分に対応する部分はいかに可変資本に変わるのかを示すということがそれである。双方とも第Ｉ部門と第Ⅱ部門の交換を通して実現される、単純再生産と拡大再生産の過程は、この交換に要約される。この過程の内容を別様に理解して（とはいえ、根拠は何もないのだが）、トゥガン＝バラノフスキー氏は、こうした交換は表式には存在しないかのように自己の表式を構成したことは明らかである。トゥガン＝バラノフスキー氏

の表式が見せてくれているものは、社会的再生産の行程の表現ではなく、正しい比例的分割の単なる算術的課題であるが、この課題はおおよそ以下のように定式化されよう：社会的再生産の一定総量を３つの部分…不変資本・可変資本・剰余価値…に、もしそれら各々の相対的な大きさがわかっているなら分割すること、と。我々が思うに、こうした規範からの逸脱（規範の歪曲に近い）のせいで、トゥガン＝バラノフスキー氏の表式は説得力をかなりの程度失っており、社会的再生産の過程を説明していない。個々の表式の検討に向かうが、我々は直接第３番目〔の表式〕を時間をかけて検討する（初めの２つの表式は、それらが何かを図解し得ている限り、単純再生産と拡大再生産を表現しているが、それらは我々によって本物の「規範」に則してすでに検討されている）。表式 No. 3は、「労働者数不変・技術構成不変のもとでの蓄積」が示されるはずである。労働者数不変のもとで生産を拡大する資本家の努力は、労賃の上昇および対応する剰余価値率・利潤率の低下を引き起こす。利潤は、資本の大きさは拡大するのに、相対的にも絶対的にも減少する。利潤がまったく消えてなくなり、蓄積が中断するということで事態は終焉する。この生産拡大の場合を適切に評価するために、次の文を参考までに引用しよう、そこにはまったく同じ場合が書かれている：「資本の過剰生産は…資本の過剰蓄積（Überakkumulation）以外の何者をも表わしてはいない。この過剰蓄積が何であるか理解するためには、ただそれを絶対的に描き出せばそれでよい。資本の過剰生産が絶対的なのはどんなときであろうか？　正にそうした過剰生産が、一つ二つの主要産業に広がるばかりではなく、その大きさからして同様に絶対的に、したがって、すべての産業部門を包摂すればなのか？　資本の絶対的過剰生産は、資本制的生産のための追加資本がゼロに等しい場合には存在するであろう。しかし、資本制的生産の目的となるのは資本価値の増大、すなわち、剰余価値の取得、利潤の生産である。したがって、〔労働者〕人口によってもたらされる絶対的労働時間が伸び得ない、同時に相対的剰余時間も増

大し得ないほどに、資本が労働者人口と共に増大するや否や、したがって、増大した資本が増大以前に生み出したものに比し、同じ量の剰余価値ないしより少ない剰余価値しか生産しないときには、すなわち、増大した資本 K＋ΔK が、まったく利潤を生み出さないか、あるいは ΔK だけ増大する以前の資本Kよりきわめて少ない利潤しか生み出さないときには、資本の絶対的過剰生産となっているであろうことは明らかである。双方の場合とも、一般的利潤率の強い突然の低落が起こるであろうが、しかし、この場合それは、生産力発展を条件づける資本の有機的構成の変動の結果としてではなく、可変資本の貨幣価値の上昇（労賃上昇による）およびそれに対応する剰余労働の必要労働に対する比率の低下による構成変動の結果としてであろう」（『資本論』第Ⅲ巻、195頁〔邦訳、全集版第26 a 巻315〜6頁、青木版第4分冊364〜365頁〕）。引用文の著者は、さらにこうした予見的な事態は、あるいはとりわけ機能資本の追加資本による放逐によって、あるいは当の追加資本の放逐によって解決されるであろうことを明らかにしている。これは2つの仕方で行われる：あるいは以前機能していた企業の中断、したがって自然的形態での資本の廃棄によって、あるいは現有資本全体の価値低下によって（第3の出口は…資本の国外移転である）。これらすべての徴候により《恐慌》状態は特徴づけられる。

このように、滑稽な誤解 qui pro quo がトゥガン＝バラノフスキー氏を見舞った：生産の拡大を示さねばならないはずの彼の表式は、現実には、…恐慌を表示している。[4]

表式 No. 4 は、資本の有機的構成の高度化のせいで労賃と利潤が低下したときの予言的事態を図解するはずである。我々は、すでに、かかる低下は資本制的生産の発展法則をなすことを見た；これは、なかんずく、社会的総再生産の構成因たる第Ⅱ部門に対する第Ⅰ部門のますます大きくなる優位に表れる。トゥガン＝バラノフスキー氏の表式の特異性は、国民所得（第Ⅱ部門）が相対的にだけではなく絶対的にも減少すること

にある。こうした見解では表式は《現実的》意義をもたない。可変資本と剰余価値の相対的減少は、資本の絶対的大きさの拡大によって打ち負かされ、そのおかげで、資本制諸国においては、労働者の数と「第3勢力」、つまり剰余価値の消費者の数が増加し、労賃と剰余価値が増加するのである。[5]

　トゥガン＝バラノフスキー氏の推論の論理的継続は、全資本が一つの不変部分からなり、蓄積が（同様に消費も）まったく停止してしまうという産業状態に我々を導く。このように、トゥガン＝バラノフスキー氏の第3表式が恐慌を表示しているとすれば、第4表式は資本制的生産の《崩壊》を表示しているのである。

　恐慌論における再生産論〔の意義〕に関する教義にトゥガン＝バラノフスキー氏がもたらした補足にふれないでは、彼の見解に対する我々の説明は不十分であろう。セイやミル等学派の代表的人物とはまったくもって一致することなく、彼は言っている、「実際は、商品は商品によってではなく貨幣によって購買される、それ故、購買力は商品からは独立して存在するであろう。購買は販売行為の後に続かないであろう、獲得された貨幣は保持されうるのである」（502〔原頁、本書137頁。〕）。もちろん、こうした一般的形態では、この命題は、セイの学派の生産物は生産物と交換される、そのため購買と販売との形而上学的均等が定まるという命題同様、正しくない。実際は、各個別資本も、全社会的資本も、連続的に貨幣形態、生産形態、商品形態を通過し、その際、一つの資本の運動は他の資本のそれによって条件づけられる、ということだけが正当である。貨幣形態にあって生産形態へ転化せんとしているある資本は、商品形態にある他の資本を前提し、同様にこの後者も、貨幣形態に転化するために生産形態に転化せんとしている貨幣資本の存在を前提している。

　トゥガン＝バラノフスキー氏のこの新見地は彼をして次の命題を表明することを可能ならしめる、「資本蓄積は、いかなる生産拡大も存在し

ない場合でも、生産縮小下でさえも起こりうる。実際、資本制社会にお
いては山ほどの所得が存在するが、その大きさは、国民生産の状況には
ほとんどないしきわめてわずかしか依存していない。国民的所得のうち、
レントという項目に含められるもの…資本に対する利子ないし地代のこ
とである…の大部分はこちらに関係している」（497〔原頁、本書132・
133頁。〕）。トゥガン＝バラノフスキー氏の理解によれば、これらの収入
は、ある時点まで貨幣形態で蓄えられ、自由資本と余剰資本を構成する、
それは、大量にため込まれ、市場へ突進し、そこで大規模な生産拡大を
引き起こす。資本がすべてをこの拡大につぎ込み終わったとき、かかる
生産拡大に対応する商品に対する強められた需要は止まり、恐慌が起こ
る。[6]

　この理論全体が、資本蓄積は不変の生産状況下でもあるいは生産縮小
下でも可能であるかにいう馬鹿げた命題に基礎をおいている。社会的再
生産の行程に依存しない所得…貨幣的であれ自然的であれ…をひとつで
もアプリオリに仮定することはできない。こうした命題とともに舞台に
は再び高貴な人々 grand public が登場する、彼らは、経済学者の望みや
必要に応じて、あるいは消費し、あるいは蓄積する。これらの収入がい
つどこで生み出されたのか、同様にどこで蓄積されたのか示すことが必
要である。トゥガン＝バラノフスキー氏のもとではこうしたことは何も
示されていない、したがって、彼の恐慌理論すべては先決問題要求の虚
偽 petitio principii の頑丈な基礎に立脚している。それはそれとして、こ
の理論は役に立たない、何故ならば、蓄積過程の誤った観念に基礎を置
いているのだから。

　実際、剰余価値が蓄積される、とはいってもトゥガン＝バラノフスキ
ー氏が望むように、すなわち、貨幣形態で蓄積される、と仮定しよう。
その場合、この剰余価値が示される商品…生産手段と消費物品…は販路
を見いださない、何故ならば、誰もそれらを買わないであろうから。過
剰生産と恐慌が起こる。商品価格は低下し、所得のある者は貨幣も商品

も受け取らない、彼ら自身がそれらを拒否するのである。しかし、こうした所得は如何にして貨幣で支出されるのか？　我々は、当の資本家たちが（個人的にであれ商人や銀行家の仲介を通じてであれ）剰余価値流通のための貨幣を支払わなければならないこと、そして最終的にはこれらは最初の源泉にかえってくることをすでに見ている。他の貨幣源泉や貨幣所得ではなくである。

　かくのごとくして、貨幣流通は商品流通と分ちがたく行われる。一方を他方から切り離すことは不可能であり、さもなくば、恐慌が起きる。そうした場合、貨幣的蓄積も現物的蓄積も行われない。トゥガン＝バラノフスキー氏のもとでは、すでに２度にわたり蓄積の代わりに恐慌が起こっている！

　しかし、現物的蓄積と並んで、なかんずく、銀行への金の預け入れの増加に示される、貨幣蓄積も行われる。かかる事実は多分トゥガン＝バラノフスキー氏をも迷わせた。しかしながら、これはきわめて簡単に説明される。生産を拡大するためには、産業資本家の手元に何がしか最小限〔の資本〕が必要である（古い設備を拡大するにせよ、新たな設備を設置するにせよ）。この故に資本家Ａはある期間金を貯めなければならない。彼は自己の剰余価値を売るが、その代わり何も買わない；金は銀行に送られ、そこで保管される。したがって、資本家Ａのもとにある剰余価値の購買に資本家Ｂによって支出された貨幣は、彼のもとには戻らなかった、では、自己の商品の流通に資本家によって支出された貨幣は、逆に、この資本家のもとに戻るという法則は正しくないのか？否、法則は正しい。事態は次のようである。資本家Ａが生産拡大に必要な貨幣額を蓄え始めたそのとき、他の資本家たちはそれをすでに蓄積し〔終え〕ており、そしてそれを今年すべて生産拡大に支出するのであるが、その量は１年分ではなく数年分の蓄積に等しい。[7]

　このように、一方の蓄積は他方の支出によって埋め合わされる、そしてそれ故、理論においては、《すべての》資本家が毎年均等に蓄積する

ということが受容される；この擬制〔フィクション〕は実際そうした補正によって正当化される。

　そうしたわけで、あちらこちらでのトゥガン＝バラノフスキー氏の議論は整合的ではなく矛盾しており、全体としてあり得ないものと認定される。[8]

〔訳出部分に付された原注は、以下の３）〜８）である。〕

３）なお、彼はそこに労働力も含めている。引用文献の422頁と対照せよ。

４）トゥガン＝バラノフスキー氏は結論している：「表式 No. 3 は、労働者数不変のもとでの資本蓄積を示しつつ、容易に逆説と映るであろう次の重要な命題…国民所得の動きは国富の動きと必ずしも連動するものではない…を証明している」（422〔原頁、本書65頁。〕）。実際、この逆説はほとんど自明の理である。この相互関係は、すでにリカードが予見し（機械に関する章、参照）、シスモンディが証明し、マルクスが徹底的に闡明した。さらに、トゥガン＝バラノフスキー氏は、自己の表式の結論を吟味しつつ、結論する、国富は〔国民〕所得より力強く増大するといえども、この後者もそれにもかかわらず増大する、と。これは、正しくない：〔国民〕所得は《相対的に》減少する、が《絶対的には》不変にとどまる。200人の労働者は、表式で採用されているのと同じ労働強度のもとで、労働日も不変として、等しい価値を生み出すが、それは国民所得と等しいものを構成する（トゥガン＝バラノフスキー氏は国民所得の構成因に労賃も入れている）。この総額は労働者と資本家の間で異なって配分されるのみであろう：一方の場合は労働者に少なく・資本家に多く、他方の場合は…逆というように。トゥガン＝バラノフスキー氏は計算の誤りにより国民所得の絶対的上昇という結論を下している。すなわち：１年目の利潤は、400（労働者によって生み出された全価値）マイナス220（労賃）＝200に等しくなければならず；第２年目においては利潤は400－220（労賃）＝180に等しく；第３年目には400－242＝158に等しい。ところが表式においては、第２年目の利潤は何故か187,5に等しいとされ（テクストの解説では…180、420頁参照）、第３年目は173,1に等しいとされている。こうしたことのせいで、３年目の国民所得は242＋173,1＝415,1、つまり、１年目の所得より15,1多いということになる。これはまったくいい加減で誤りである。

５）この非難はすでにストゥルーヴェ氏によってなされている。〔この後に不明

の参照指示がある〕

6）恐慌〔に至る〕10年の期間はこの理論においては説明されないままである。

7）マルクスは直裁に言う、「貨幣に実現される剰余価値部分が流通から引き出され、財宝〔蓄蔵貨幣〕の形で蓄積される時、これと同時に、剰余価値の他の部分は、常に、生産資本に転化される。《資本家間での貴金属の追加量の配分を除けば、全地点に於ける貨幣形態での同時的蓄積はどんな時にも行われない》」（『資本論』第Ⅱ巻、259頁〔邦訳、全集版第25巻427〜428頁、青木版第3分冊456頁〕）。

8）我々は、ただ、トゥガン＝バラノフスキー氏の思想発展の、いわば、重要な一里塚を明らかにしたに過ぎない。彼には更に部分的な矛盾や不明確さが見られるであろう、一般に彼の考えは整然たる一貫した体系にはまとまっていない。もちろん、このことは彼の労作の重要な《歴史的》部分には関係するものではない。

付録2
トゥガン＝バラノフスキー

「資本と市場…エス・ブルガコフの著『資本制生産下の市場について』に
関して」

〔以下は、トゥガン＝バラノフスキーの論文「資本と市場…エス・ブ
ルガコフの著『資本制生産下の市場について』に関して」の全訳である。
初出は雑誌『ミール・ボージー』Мир Божий 1898年第6号（訳者未見）。
翻訳に際しては、ブルガコフ『資本制生産下の市場について』（復刻版）
巻末付録所収のものを用いた。（同書333〜341頁）〕

　ロシアの資本制的発展の可能性と関連した市場問題は、我々の文献で
繰り返し議論されてきた。〔18〕80年代の初め、ヴェ・ヴェ氏はその著
名な労作『ロシアにおける資本主義の運命』および『祖国記録』所収の
論文「商品による市場の供給過剰」で、ロシアにおいては知られた限界
の故に、資本主義はこれ以上発展《し得ない》というテーゼを示した。
資本制生産発展のために政府がいかなる手段をとろうとも、これらの手
段は目的を達しない。資本主義はロシアにおいてはいかなる将来性をも
もたない。何故なら、資本制生産は自己の発展のためには国外市場を必
要とするが、当然にも、そうしたものはロシアの工場製品には閉ざされ
ているのだから。ロシア国内市場においてさえ、我が工場製品が外国製
品と競争できず強力な保護関税を必要としているのに、後ろ盾になって
いる政府も世界市場では我が国生産にいかなる手助けもできないのに、
ロシアのマニュファクチュアの世界市場での勝利を勘定に入れることな

156

どできるのか？

　私は、資本制生産の発展のための国外市場の必要性に関する自己の思想を、それによって根拠づけようとするヴェ・ヴェ氏の考えには詳細に立ち入りはしない。数年前、私は拙書『現代英国における産業恐慌』においてヴェ・ヴェ氏の理論を詳細に分析した。そこで私はヴェ・ヴェ氏の見解に資本制生産における国内外市場の役割に関するまったく異なる視点を対置しておいた。

　私がたどり着いた結論は、以下のように定式化される。「生産それ自体が商品に対する市場をつくり出す、よって別の市場は必要ない」。だが、「追加的な商品のための市場が出現するためには（拡大再生産のもと）、新たに産業に投下される資本が、全一連の相異なる産業間に一定の比率で配分されることが必要である。この条件のもとにおいてのみ商品価格の低下や製造業者へのダメージなしの拡大再生産が可能である。…経済が複雑になればなるほど、多様になればなるほど、全分野にわたり、ますます厳密な比例性が要求される」「生産にとっての限界はその国が使用できる生産力の大きさのみである…諸商品の需要は生産それ自体によってつくられるのであって、生産力の不足を除き、生産拡大にとってのいかなる外的な限界も存在しない」（『産業恐慌』426、427、434、438頁、『法学選集』Ⅴ巻　77、78頁）

　これらの命題を証明するため、私は一連の表式を構築した、それらは、消費物品への需要が減少した場合また国民所得が減少した場合でさえ、国民生産の比例的配分のもとでは、商品の供給が需要とどのようにバランスするかを示すはずである。資本制的流通法則の不十分な理解のもとでは、国民消費減退下で諸商品の需要が増大しうるという主張は最も純粋なナンセンスのようにも見えよう。生産の目的は消費であるといわれているではないか。消費物品をつくるためのものではないとしたら、機械、道具、石炭、原材料等々は何のために必要とされるのか？　しかしもしそうだとしたら、常識的には消費物品の需要減少下では、これら消

費物品の生産のために必要とされる機械や原材料、補助材料等々の需要も減少せざるを得ない；したがって、消費物品の需要減少は生産手段の需要減少にも行き着く、…換言すれば、すべての商品の需要が減少するということになる。

しかしながら、この場合、「常識」は悪い指針である。資本制生産の目的は決して消費ではない。すべての生産の目的は所得である。全く同様に資本制生産も、所得の増加に努めるが、ただ、資本家のそれのみにである。資本制社会における国民消費の一定の部分…労働者階級の消費…は、資本家の視点からは資本の支出である。労賃は労働者にとっては収入、資本家にとっては資本である。企業家にとっては、労働者の消費物品は生産手段と同じなのであり、役畜の消費物品ないし機械用の燃料と同一の資本支出の形態である。国全体の生産物は３つの部分に分けられる。1）所得の源泉が剰余価値（Mehrwerth）である社会的諸階級の消費物品。2）労働者階級の消費物品（可変資本）。3）生産手段（不変資本）。もし企業家が、労働者を機械に置き換えることが自分にとって有利だと気づいたとしたら、上の第２部類の商品の需要は減り、第３部類の商品のそれは増えるだろう。総需要量は不変であろうが、実は国民所得は減り（労働者の所得が減る）、国民消費（労働者階級の消費）も減るだろう。「国民生産を規制している資本家の目からすれば、労賃、すなわち、社会の所得のより大きな部分は、所得ではなく、資本を構成する。この資本は、利益を伴って、他の資本…機械と交換されうる」（426頁）。それ故、資本制社会においては、「国民所得の総額は減少し得るが、商品に対する需要は増大し得る；一見逆説的に見えようが、一国はより豊かに成りうるが、他方、国民所得は減少しうるのである」（〔426頁となっているが、425頁の誤りである〕）。

かくて、国民生産の比例的配分のもとでは、総国民所得がいかに変動しようと、国民消費がいかに縮小されようと（一定の限度内で、かかる縮小は資本制的発展のありふれた同伴者である）、商品の供給は常に需

要とバランスする。資本制生産の成長の影響下での大衆の疲弊に関する
ヴェ・ヴェ氏やニコライ－オン等々の指摘は（そうした指摘が誇張され
ていないのと同じように）ロシアにおける資本主義発展の不可能性を証
明しはしない。資本制生産はそれ自体で自己にとっての市場をつくり出
し、国内市場のみに依存しつつ、成長しうる。

　「しかし、失礼ながら　…と、怒りに燃えた読者は私の話を中断する
…馬鹿なことを言っているのは貴殿ではないのか：貴殿の意見によると、
英国がその全植民地を失おうと、すべての国が英国に対して市場を閉ざ
そうと、そうしたことは英国産業には影響しないかのようである。だが、
かかる場合、何故、ヨーロッパのすべての国は、暴力の手前でも、国際
法の承認されている慣行の蹂躙の手前でも止まらずに、新市場を獲得し
ようと努めるのか？　全ヨーロッパ諸国の植民政策には、自国産業のた
めの国外市場の獲得以外の、如何なる考えがあるというのか？」

　実際、《歴史的には》、資本主義は、国外市場に寄りかかって西ヨーロ
ッパで発展してきた。それにはそれなりの理由があるが、私は今は詳論
しない。実際、英国には国外市場は不可欠である；国民生産がどのよう
に配分されていようが、《この》国は、国外市場なくしては存在し得な
いのであろう。

　しかし、私は、資本制生産はそれ自体自己のために市場をつくり出す
といったばかりではなかったか？　これはまったく正しいが、まだふれ
ていない一つの条件、すなわち、国が国外から商品をまったく輸入して
いないという条件のもとでのみのことである。「しかし、一国が商品を
外国から輸入するとした場合、何が起こるのか？　この場合、外国製品
の購入に支出される購買力は、明らかに、国内市場から取り除かれる。
…　いかに資本の配分を変更しようと、いずれにせよ、外国から輸入さ
れた商品の価値と等しい商品部分は、過剰なままにとどまろう。この場
合２つの結末が可能である；一国の資本の一部は国内市場の内部では投
資先を見いだせないので、あるいは外国へ行くであろう…同じ過剰な商

品それ自体が外国に進路を切り開き、国外市場に販路を見いだすであろう。しかし第2のものはいつも多少とも疑わしい、というのは、諸外国による当該国商品への需要は外国商品への自国の需要の増大と必ず並行して増大しなければならないということではまったくないからである。それ故、《外国から商品を輸入する個々の国においては、資本は過剰であり得る；かかる国にとっては、国外市場は無条件に必要である。》」（429頁）〔本訳書71・72頁〕

こうして、国外市場は資本制生産の発展のためには必要なのであるが、それはただ、その国が外国商品の輸入を必要とするからなのである。国外から国民全体のために食料を、工場主のために原材料を受け取っている英国は、無条件に国外市場を必要としている。ロシアは、外国商品輸入の重要性が遥かに低いので、国外市場なしでやっていくこともかなり容易であり得る。

これらは、資本制経済における国外市場の役割に関するそしてロシアにおける資本制的生産の発展の不可能性に関するヴェ・ヴェ氏の見解に私が対比させた考えであった。私のたどりついた結論は、商品の全般的過剰生産の不可能性に関する古典派政治経済学の理論の発展（この理論はマルサス宛のリカードの手紙に最もよく表れている）であり、マルクスによる『資本論』第Ⅱ巻の最後の2章における資本の再生産と流通のすばらしい分析もとづいている。この分析から、論理的不可避性をもって上記の結論が出てくる。にもかかわらず、それらはマルクスによってはまったく定式化されてはいないし、そればかりではなく、『資本論』第Ⅲ巻（拙書はⅢ巻出現以前に世に出た）の若干の箇所は、マルクスが資本制生産それ自体は自身のために十分な市場をつくり出すという見解をあたかもとっていないかの印象を生み出してもいる。たとえば、第Ⅲ巻第15章でマルクスは言う、「剰余価値の生産は資本制的生産過程の第1幕にすぎない…資本はこれこれの量の不払い労働を吸収し…そしてそれに過程の第2幕が続く。商品の全量が、生産物全体が、不変資本を補

160

填する部分も可変資本を補填する部分も、そして同様に剰余価値を表示する部分も、売られなければならない。…直接的な搾取の条件と生産物の実現とは同一ではない。それらは、時間的場所的に異なっているのみならず、本質的に異なっている。初めのものは社会の生産諸力によってのみ制限され、二番目のものはさまざまな産業の比例性および《社会の消費力》によって制限されている（強調は私）。この後者は、絶対的な生産力や絶対的な消費力によって規定されているのではなく、社会の広汎な大衆の消費を狭い限界内でのみ変動する最小限へ引き下げる敵対的な分配諸関係の基礎上にある消費力によって規定されている。さらに、この消費力は蓄積願望、資本と剰余価値生産を大規模に拡大しようとする願望によって制限されている…だから常に市場が成長しなければならない。…しかし、生産力（社会の）は発展すればするほど、ますます、消費諸関係がよって立つ狭い基盤と対立する矛盾となる。」（独語版、225〜226頁〔Werke版26a巻254・255頁、大月書店全集版26a巻306・307頁、青木書店版4分冊355・356頁〕）

　そこで、マルクスによれば、資本制経済における商品販売の可能性は2つの条件によって制限される。1）相異なる生産部門の比例性によって2）社会の消費力によって。換言すれば、国民生産の比例的配分だけでは生産物の販売可能性は保証されない。生産の配分が比例的であっても、生産物は市場を見いだせない、たぶん、こうしたものが引用されたマルクスの言葉の意味である。

　確かに、数頁後でマルクスは述べている、「資本制生産の真の制限は資本それ自体である」（231頁）、しかし、さらなる論述からわかるであろうように、これらの言によって、マルクスは、資本制生産それ自体は、生産された価値全体を実現するための市場をそれ自身のなかに見いだす、と言いたいわけでは決してない；この言葉の意味は逆である…マルクスは、資本によってつくり出された資本制生産の発展に対する障害を指摘しているのである。資本制生産様式は社会の生産力の無制約的発展に努

めるが、同時に、資本制経済における生産物の実現条件は拡大された生産の限界と見なされる…この意味でマルクスは、また、資本制生産の限界は資本そのものである、とも言っている。[1]

　このように、もし『資本論』第Ⅲ巻のテキストにしたがうときには、マルクスは、狭隘な国内市場の基礎上での資本制生産の発展の可能性は認めてはいないと、若干の外見的蓋然性をもって、あるいは言うことができよう。だが、この見解が当のマルクスの第Ⅱ巻の資本の再生産の分析とまったく一致しないことには何らの疑いも得ない。この矛盾は、ただ、『資本論』の第Ⅱ巻と第Ⅲ巻が完成からはほど遠い資本の流通と全体としての資本制的生産過程の理論の草稿であるという事実によって説明される。こうしたわけで、我々は第Ⅲ巻のなかには第Ⅱ巻で与えられているすばらしい分析から引き出された結論を見いだすことはないし、それどころか、この分析に決定的に対立する主張に出会うのである。

　ブルガコフ氏の最近の著作『資本制生産下における市場について』は、ロシアの経済的発展における国外市場の問題を再び提起した。ブルガコフ氏の最も重要な諸結論に私は同意せざるを得ない、というのは、これは…私の結論だからである。たとえば、ブルガコフ氏は彼の著作を要約している結論でいう：「新たに蓄積された資本の相異なる生産部門間への比例的配分は、生産の力強い拡大の可能性の特別な条件である。資本制生産の拡大は資本制生産の発展がその相対的割合を減らそうと努める消費の拡大を通じてではなく、生産の国外分野の拡大を通じて、実現される…資本主義国にとっての国外市場の必要性は、その国が輸入なしではやって行けない場合のみ発生する。したがって、この必要性は資本制的生産の当の制限に起因する原因によっては条件づけられてはいない。…」（ブルガコフ、結論、259、260頁）〔復刻版159・160頁、結論は通し番号が付された7つからなり、トゥガンのここでの引用は5と6からのものである。〕

　これらすべてを、もちろん私は議論しようとは思わない、というのは、

付録2

これらすべては、ブルガコフ氏よりずっと以前に私が述べたことだからである。ついでにいえば私は、ブルガコフ氏がすべてを受け入れてくれた、資本制国家にとっての国外市場の役割に関する問題に対して私の述べた解答は、決してマルクスから取ってこられたものではないということを、指摘しておこう。すでに述べたように、マルクスは『資本論』第III巻においては当該問題をまったく異なる仕方で述べており、他方、第II巻においては国外市場の問題にはまったくふれていない。

　ということで、私にはブルガコフ氏の結論に関して話す必要はない、何故なら、私にとってそれらは新しいことではないのだから。著者が独創性に乏しく jurare in verba magistri（Marx）〔先生（マルクス）の言に誓うことを〕過度に好むというのが、ブルガコフ氏の著書の基本的な欠陥である。たとえば、ブルガコフ氏は、当のマルクスによる資本の再生産過程の分析から出てくる市場に関する教義は、商品の全般的な過剰生産の不可能性に関する古典学派の理論とは、何らの共通性ももたないのだと証明しようと努めている。しかしながらマルクスの分析が、リカードがとてもよく理解していた真理の素晴らしい証明に過ぎないことには疑いを得ない（とりわけ、『リカードのマルサスへの手紙』Letters of David Ricardo to Thomas Robert Malthus, Oxford, 1887年、〔中野正訳『リカアドのマルサスへの手紙』岩波文庫〕参照）。ブルガコフ氏は、「俗流」経済学者は正しかったということには我慢ならないであろう。しかし、まず第一に、リカードは「俗流」経済学者ではない。マルクスの経済理論はその本質的な点においてリカードの教義に立脚しているのであって、マルクスの資本制的再生産分析も古典派…とりわけリカード…の教義とまったく一致していることがわかったからといって驚くべきことではない。マルクスがブルジョア経済学者の理論を侮蔑的に批評しているからといって、必ずしも彼をそのまま信用する必要はない。マルクスをいかに高く評価するとしても、彼の見解が彼の先行者たちや先生たちの意見と何の関係ももたないと思うべきではない、…何故なら、そ

163

うしたことは非歴史的であり当のマルクスの教義の精神に反するからである。マルクスは、もちろん、英国経済学者、とりわけリカードの弟子である。リカードからマルクスは、特有の演繹的手法…それを彼は巧みに利用した…、資本制経済の法則の説明に際し「重視」された価値論、差額地代に関する教義、そして last〔but〕not least〔最後に述べるが意義は軽くない〕…資本の再生産のすばらしい特有の分析を借用した。これらすべてのことがマルクスの独創性を少しも傷つけるものでないことは当然である；彼の経済理論は理路整然たる全体、その全部分が一つの精神で満ちあふれ相互に整合している体系である。マルクスは折衷主義者では断じてなかった…彼のもとにあってはすべては自分のものであった…もちろん、彼が社会的・イデオロギー的影響の埒外にあったという意味ではないが；偉大な体系は、偉大な人々がそうであるのと同様、天から降ってくるのではなく、現存の社会‐経済的・イデオロギー的諸関係の基礎上において有機的に成長するのである。マルクスの独創性は、他人から彼が借用したすべてのことを彼に固有の体系の視点からつくり直し、偶然的な付属物としてではなく、有機的な構成部分として、取り入れた点にある。マルクスの資本の再生産分析の基本的思想は、商品の全般的過剰生産の不可能性に関する古典学派の教義とまったく同様である。しかしリカードもミルも（セイのような寄せ集め著作者にはふれないが）この教義を資本制的全商品流通総体の分析と関連させる能力がなかった。マルクスがこれをなしたのであって…ここに彼の偉大な功績がある。

　ブルガコフ氏は、すべてこれらに気がつかない。彼にとってのマルクスの見解は、それが成長してきた科学的土壌からまったく切り離されたもののように見える。マルクスはミルに対しいくぶん小馬鹿にした言葉を投げつける。そして実際、ミルはきわめて月並みなそしていくぶん不正確な形態で、生産はそれ自身で自己のための需要を生み出すというきわめて正しい考えを表明した。ブルガコフ氏は、マルクスの言葉を束ね

上げ、古典学派の市場に関する教義に対する軽蔑で満ちあふれてしまっている。しかし、もしも彼がこの教義をもっとじっくり考えていたら、彼は恐らく、マルクスの分析はミルがかなり不適切に証明しようと試みていたのと同じことのより明確で完全な表現に他ならないことに気づいていたであろう。

　私はブルガコフ氏の著作の詳細な検討はしない、何故ならば、それは主にマルクスの『資本論』第II巻の最後の2つの章の説明と通俗化であるからである。この説明は一般に満足できるものであり、明快で、正しい。一つの点…すなわち、私との論争をを除いて。ブルガコフ氏は資本制経済一般における市場の役割と特に国外市場の役割に関する私の結論を「無条件に正しい」と見なしている（246頁）。彼は彼自身の結論は私のところから借りてきたものだと付け加えることもできたであろう。その代わりにブルガコフ氏は私の論証にきわめて不満で、彼はそれを「不十分で矛盾している」と見なしている。私の「矛盾」がどんなものなのか検討してみよう。

　私の議論の重大な欠点とブルガコフ氏が見なすのは、私の表式の構築の仕方である。すなわち、資本制生産の相異なる構成諸部門間で交換がどう行われるのか…生産手段はどのように消費物品と交換されるのか等々をこれらの表式は示していない。実際、私の表式はこのことを、ブルガコフ氏が利用した《マルクスの表式同様》、示していない。しかし、かかる交換は、私のものでも、マルクスのもの同様、表式を説明しているテキストにおいて説明されている。私の表式とマルクスの表式の構成様式における唯一の相違は、マルクスが資本の全生産を2つの下位区分：1）生産手段生産および2）消費物品生産、に分けていることである。私はというと、後者の下位区分を2つに分けた…労働者階級の消費物品の生産および資本家（より正確には、剰余価値が配分されるすべての社会階級）の消費物品の生産。資本の再生産過程をより詳細に研究するためにはかかるより細分化された区分が必要であった、何故なら、労働者

階級の消費は、資本家のそれとは別の法則に従うからである。こうして、私には資本制的再生産の3つの下位区分：1）生産手段の生産、2）労働者階級の消費物品の生産、3）資本家の消費物品の生産がある。ここに私のマルクスからの大胆な乖離がある。

　しかし、恐らく、ブルガコフ氏はこうした表式の使命を明確には理解していない。何故そう言うかというと、ブルガコフ氏は、マルクスの表式の意義を、ただ、表式に引き続く資本制的再生産の相異なる下位部門間における交換が明らかにされている記述のなかにのみ見いだし、他方、表式そのもののなかにははいっこうに見いだしていないからである。しかし、正に当の表式は、マルクスのものでも私のものでも事実上同じであるが、ブルガコフ氏も「無条件に正しい」と認める結論を、…国民的生産の比例的配分のもとではすべての商品の供給は需要によってほとんど満たされるという結論を証明する。後者の立証のためには、そうした比例的配分の可能性を示すことで十分である、そして、もし、需要のあらゆる可能な組み合わせのもとで、資本家と労働者の消費物品に対する需要の縮小下においてさえ、すべての商品の供給が需要によりほとんど満たされるということが示されるならば、何らかの商品の需要不足はただ国民的生産の不比例的配分にのみ依存し得るということが、明らかである。

　ブルガコフ氏は、労働者数不変・技術構成不変のもとでの資本蓄積を示すはずである私の著作の第3表式は、実際には生産拡大ではなく恐慌を示していると考えている。このことの証明のために、ブルガコフ氏は、私の表式とはまったく何等の関係もない、マルクスからの引用…だけをしている。もし商品の一定部分が販路を見いださないのであれば、その場合は恐慌であろう。私の表式においては全ての商品の供給は需要によって満たされている、したがって、いかなる恐慌もないことには議論の余地はない。同じことを私の著作の第4表式に関しても述べなくてはなるまい。ブルガコフ氏は、それが資本制的生産の崩壊を示していると考

えている。すべての商品が販路を見いだしているとは、何ともすてきな崩壊ではある。しかり、そのうえ、当のブルガコフ氏は、生産の比例的配分のもとでは、いかに国民的消費の相対的部分が縮減されようと、商品の供給は需要によって満たされざるを得ないということを承認していたのではなかったか。恐慌や崩壊について彼は何を話し合っているのか…検討中の場合には生産は比例的に配分されているだろうに? [2)]

最後に、私の表式批判では飽き足らず、ブルガコフ氏は、私の恐慌論にも軽く言及している。すなわち、彼は、資本は生産の固定化状況下でもあるいはその縮小下においてさえ蓄積されうる、という私の命題を、何とも調和するところのないものと見なしている。もし私が、不断の多少とも継続する様な蓄積の可能性を主張しているとすれば、ブルガーコフ氏は全く正しいであろう。もちろん、この場合、何ものからも資本は蓄積されないであろう。しかし、私は、恐慌に引き続く数年の交易停滞について語ったのである。私は恐慌の後、生産が縮小されたときも、資本の蓄積は中止されない、そしてこのことは、正に産業恐慌に引き続く時期を特徴づける銀行預金の増加によって立証される、と述べたのである。この時期においては、普通数年だが、商品は購買されるより多くの量生産され、そして販売されなかった商品の在庫が増大する。「しかし、こうした場合、過剰生産と恐慌であるということではないか」と、ブルガコフ氏は私に言っている。正にそうである、商品の過剰生産と恐慌である。私は今、市場が商品の過剰生産に苦しんでいる、激しい産業恐慌に引き続く時期における市場の状況を特徴づけてもいる。商品は販路を見いださない、他方、資本制国における財産家グループの…彼らの所得は当該国の産業構成にはまったく依存していない（私は、たとえば、外国の有価証券、債券、株等々の所有者すべての所得を指している）…大量の資本は、蓄積され、投資〔先〕を探し求める自由資本をつくり上げる。では何故、それは産業のなかへ浸透しないのか? それは、すでに投資されている以前の資本が余っているので、産業が新資本の投資のた

めの場を与えないからである。しかしこうした状況は長くは続き得ない、資本が産業内部へ入り込み、生産が拡大され、交易がよみがえり、恐慌に終わる投機の時期が後を追い、その後、同じ循環が新たに始まる。約言すれば、ここにまた拙書で述べられている恐慌論の本質もあるわけであるが、ブルガコフ氏は、もちろん、この理論に反論はしない。生産縮小下での資本蓄積の不可能性に関するブルガコフ氏の非難は、私が産業恐慌に続く時期を特徴づけるただ一時的な現象として可能と認めたことの無理解（拙書においてはこのことは十分明らかではあるが）に基づいている…ただそれだけである。

1）ブルガコフ氏はマルクスのこの箇所の意味をまったく理解しなかった。ブルガコフ氏によれば、マルクスはここで生産配分の比例性の遵守のもとでは、「生産拡大それ自体が追加の商品量に対する市場をつくり出す」といっている、という（ブルガコフ、159頁）。まさに正反対である：マルクスはここで、資本自体によってつくり出される生産拡大への障害について語っているのである。

2）ブルガコフ氏は、私の第3表式の計算に誤りを発見する。私のものには誤りは何もない、しかし、利潤の計算に際し私はその大きさを、ブルガコフ氏に受け入れられるものとは異なる根拠に立脚して決定した；これは、表式の後のテキストにおいて、また同様に拙書の423頁への脚注において明らかにされている。いずれにせよ、もし私が、ブルガコフ氏が要求するように、第3表式における国民所得の絶対数値は増加しないということを受け入れていたとしても、これはただ、国民労働の生産物の市場は、国民所得の変化とは決して並行しては変化しないという、私のテーゼをより以上に補強するだけのことであろう。利潤の大きさの計算に際して私が何に従っているのか、ブルガコフ氏にはわからない（「どういうわけか187.5に等しいとされた利潤は説明文においては180である」。ブルガコフ、251頁の注）。私の表式とテキストの間には何等の矛盾もない：180の利潤は620単位価値の資本の29％をなすが、私の表式 No. 3の第2年目、変化した資本は646.6単位に等しい。この後者の総額の29％はまた利潤化された187.5である。もしもブルガコフ氏が、彼が批判する著作に注意深く接していたならば、私にはこうした、読者にとって若

干不愉快な、些細な指摘をする必要はなかったであろう、この後者の理由により、私はこの指摘を可能な限り圧縮することに努めた。

〔＊429頁からの引用中には、トゥガン＝バラノフスキー本人によると思われる意図的な省略の他に、何らかの理由で脱落していると思われる箇所があるので…そうでなければ文章が繋がらない…、原頁の記述にしたがって補充しておいた。〕

付録3
『英国恐慌史論』露語2版と独語版

　先の批判・反批判を経た『英国恐慌史論』露語2版（1900年、サンクトペテルブルク）で、問題個所がどうなるのかは、誰しも興味のあるところである。結論から言えば、ブルガコフの批判が影響してか、『英国恐慌史論』露語2版では、初版の4枚の表式は我々が独語版・仏語版で見慣れた…数字も含めて…2枚の基本的なものに置き換わる。第3表式と第4表式は削除される。

　『英国恐慌史論』露語2版も初版同様国内で目にすることはほとんどないから、ここに訳出しようとも思ったのだが、独語版（露語2版をもとにトゥガン＝バラノフスキー本人が独語で書き下したもの）と、完全とは言わないが、あまりに一致しているので、とりやめた。気がついたことを記しておけば、以下のようである。

　全体構成の詳細については、付録の5を参照していただくとして、ここで必要最小限の事を述べれば、露語2版の全体構成は独語版ときわめて類似しており（2部構成）、我々に関係のある第1部（編）では、露語2版は、我々の知る独語版の第6章・第7章を欠くだけである。つまり、理論編に限定すれば、露語2版は大筋で独語版から先の2つの章をとったものだと思ってよいということである。すると、我々に関係するのは、独語版の第1章と第8章、露語2版では第1章と第6章ということになる。両者の比較ということになるが、結論的に言えば、細かな表現の違いや段落の統合、推敲して書き換えたと思われる箇所はいくつかあるが、大幅な書き換え等は認められず、ましてや内容（理論）上で問題になるような変更等は確認できなかった。とはいえ、今後露語2版の訳が出るとも思われないから、参考までに気がついた限りでの相違点を

箇条書きふうに記しておきたい。

その1　独語版1章、露語2版1章「資本制経済における恐慌の主要原因」関連

1）救仁郷繁訳20頁最終段落、「商品の総供給は、貨幣が何らかの…他の商品をも等価量だけ求めて需要を高める。」〔独語版原書12頁、Das gesamte…〕は、露語2版では「市場に要求されていない商品の製造の代わりに、生産者たちが、需要が満たされていない何か別の商品を市場に供給することに力を注ぐならば、商品の部分的過剰生産は生じないであろうし、したがって、全般的過剰生産も生じないであろう。国民生産がいかに配分されていようと、ただ一つの場合においてのみ、商品の供給総額は需要を上回り得るであろう、すなわち、若干の商品生産者が、何らかの理由で貨幣の商品への転化の代わりに、蓄蔵〔貨幣〕の形態で一時的にであれ長期的にであれ、自己の手元に貨幣を押しとどめるという。しかし、貨幣が流通から離脱しないならば、商品の過剰生産はただ国民生産の配分の不比例によってのみ引き起こされうるであろう。個々の商品生産者は、自己が購買した限りは、貨幣を隠すことなく貨幣代金を支払い、同額の他の商品を販売する」となっており、また、数行後の「《一個の》限定条件」は強調されずに「ある種の条件」となっている〔露語2版、11頁〕。

2）救仁郷訳24頁、「マルクスは」から始まる段落〔独語版原書16頁、Diese…〕の第2センテンス「事実、賃金労働者は資本の亜種にほかならない」には注がないが、露語2版には注があり、内容は「マルクスが可変資本と不変資本の間に決定的な差異をもうけたのは確かなことである：マルクスによれば、可変資本のみが資本家の利潤をつくり出す。しかし、すでに私が他の場所で述べたように（「マルクスの

抽象的資本制理論の根本的誤謬」『ナウーチノエ　オボズレーニエ』
1899年、No. 5）、私はこの点に関するマルクスの見解を、無条件に誤
りと見なす。」となっている〔露語2版、15〜16頁、脚注〕。

3）救仁郷訳24頁最終段落から25頁表式の前まで、「もしも技術上と経
済上の考慮が一致して…第Ⅰ表式は前者の場合である。」〔独語版原
書16〜17頁〕は、ほとんど同じとは言え、露語2版では「かくのご
とく、資本制的生産は、国民生産と国民消費の関係の性格を…小商
品生産者の経済における密接な体系を、まったく変えてしまう。労
働者のために必要な小麦、馬のために必要な燕麦、機械のために必
要な石炭と油…これらすべては、資本制的生産のリーダーの視点か
らは生産のために必要な物財という一範疇なのである。もし技術的
条件が機械を労働者より有利な生産方法とするならば、労働者は機
械によって置き換えられ、人間の消費物品の代わりに機械のための
燃料が生産されるであろう。労働者の消費物品は、資本制的経済下
では、ただ労働者が生産要素として必要不可欠である限りにおいて準
備されるに過ぎない。

　　しかし、資本の利潤実現の為に市場は必要ではないというのは本
当なのか…そして商品の販路は最終的には国民消費に立脚してはいな
いというのは本当なのか？　生産が消費より急速に拡大するなら、
生産物の実現は一体可能なのか？　それ故資本制的経済における消
費は他のすべての〔経済制度下〕におけると同様、生産可能性の限
界を画しはしないのか？

　　無条件に否である。しかし、資本制的生産の生産物の市場がどの
ようにつくられるかを理解するためには、国民資本総体の再生産過
程を見てみなければならない。

　　資本制的生産は、貨幣資本の生産手段への転化とさらに商品資本
の貨幣〔資本〕への逆転化を前提する。しかし、資本の社会的再生

産の抽象的な分析に際しては、我々は、商品の貨幣への転化の困難によって引き起こされる資本の循環の動揺を無視することができる…貨幣を単純な流通手段と見なすことができる。貨幣がただ交換を仲介する限りでは、交換は生産物間で物々交換の形態で行われる。資本の社会的再生産は、資本の相異なる要因の再生産と、あるものの他のものによる交換を通じた補填からなる。この再生と交換の結果、当の資本の構成部分同様、資本の利潤（より正確にいえば、労働に基づかない収入…ロードベルトゥスの術語ではレント）も実現される。

国民経済の資本の再生産を表式的に示してみよう…同一規模の場合同様規模拡大（資本の蓄積）の場合も。表式 No. 1 は前者にかかわる」〔露語 2 版、15～16頁〕、となっている。

4）救仁郷訳26頁「この表式…」の段落では〔独語版原書18頁〕、「労働者の賃金価値」は「労働の価値（労賃）」となっており、「ロードベルトゥスの言う意味での賃料であるが」は存在せず、「剰余価値の分配にあずかる」は「剰余価値を消費する」となっており、「マルクスの先例にならって」はこれまた存在しない〔露語 2 版、15～16頁〕。

5）救仁郷訳28頁「この表式を…」の段落、2 行目下「ところが、」からは〔独語版原書20頁〕、露語 2 版では「しかし、社会的生産過程の分析は、マルクスまでは、国民生産物の不可欠の構成部分としての生産手段の意義を見落とすという誤りを犯していた。古典派経済学者たち（特に J. S. ミル）は、資本蓄積について語りつつ、生産手段については忘れて、国民生産物全体はただ 2 つの部分…1）資本家の消費物品と 2）労働者の消費物品に分解するという命題に立脚している。この正しくない理解の端緒を拓いたのは Ad. スミスである。この理解はまた、商品の販路にとっての市場の意義の問題に関する、古

典派経済学者の、マルサス、チャーマズ等との論争の不明確さの、最も重大な原因であった。国民資本は、消費物品のみならず生産手段の製造にも支出されるということを忘れないことが必要である。」となっている〔露語2版、18頁〕。

6）救仁郷訳33頁「社会的資本の単純再生産と、…」の段落では〔独語版原書25頁〕、まず冒頭の「社会的」は存在せず、「社会的消費の総規模が縮小しながら、それと同時に商品に対する社会的総需要が増大することがあり得る」は、「国民的消費は、商品に対する国民的需要が増加するのに、低下し得る」となっており、末尾の「したがって、第Ⅱ表式（第二年度）…」以下は、「かくのごとく表式 No. 1 と比べた表式 No. 2 の商品生産全体（第2年）は著しく増加したが、消費物品の生産は、需要と比べた供給の何等の減少もなしに、低下した。」となっている〔露語2版、22〜23頁〕。

7）救仁郷訳34頁「すなわち言い換えれば、…」の段落は〔独語版原書26頁〕、「全問題は、資本制的生産は決して直接的に消費によって規定されないというところにある。逆に、人口の大多数（労働者）の消費は、資本制的経済においては生産のための手段を演じている。資本制的生産の規定的契機は最大利潤実現への熱望であって、決して最大量の消費物品の作成ではない。同時に資本制的競争法則が、この利潤のきわめて多くの部分の資本化を…その部分の、多かれ少なかれ、人間の消費の領域には決して入ることのない生産手段への転化を要求する。したがって、ある意味では、資本制的生産の目的は、消費にあるのではなく、当の資本の増大にあると言い得る。」となっている〔露語2版、23頁〕。

8）同「ミルの誤りは…」と「それ故」の段落にある「社会的生産物」

付録3

および「社会的消費」（３ヵ所）は、いずれも「社会的」が「国民的」になっている〔独語版原書26頁、露語２版、24頁〕。

９）救仁郷訳35頁「前記の表式…」の段落は〔独語版原書16〜17頁〕、非改行で前から続いている〔露語２版、15〜16頁〕。

10）同「前記の表式…」の段落の、有名な一節「私は、…社会的生産の比例的配分が存在するならば必ず商品の供給と需要が一致するという観念を…ただ正しいだけでなく争う余地のないものと考える」を含む注は〔独語版原書27頁、脚注〕、露語２版にはない。これは露語２版が独語版第１篇の第６・７章を欠くためかとも思われる。

11）救仁郷訳36頁「以上の、…」の段落の「第二の矛盾」の説明には引用符付がついており、さらに引用元が（エンゲルス）と明示されているが〔独語版原書28頁〕、露語２版では引用符もエンゲルスの名もない〔露語２版、25頁〕。

以下、両版は基本的に同じものと考えられる。

その２　独語版８章「産業循環と恐慌の周期性の諸原因」、露語２版６章「恐慌の周期性の諸原因」関連

12）救仁郷訳248頁から始まる第１段落、次ページに移り３行目「近い将来…」からこの段落の終わりまでは、露語２版では「世界の最も重要な諸取引所における、最近の割引率の極度の上昇、そして貨幣市場の厳しい制約、同様にまた鉄価格の上昇動向の停止の故に、我々が新たな産業停滞期の直前にいることには疑いを得ない。ロシアにおいてはすでに反動が到来している…サンクトペテルブルク取引所における９月〔旧暦と思われる〕の大暴落が産業企業家に倒産の

175

シグナルの役割を果たした：ロシアにおいては産業停滞はすでに始まっている。しかし英国においては、反動は明白には今現れ始めたばかりである。いずれにせよ、もしも反動が1890年のときと同様の期間で到来していたなら、すでに1898年には産業停滞が起こっていなければならなかったろうから、産業循環は再び長くなった。今や1900年をもって普遍的な停滞がはじまっている。」となっている。露語2版は独語版より1年早いから、もちろん、ベアリング商会のセンテンスの10年は9年になっている。マルクスの『トリビューン』紙への寄稿を思わせ、興味深い。

13）救仁郷訳249頁の第2段落は「資本主義的発展が周期的であるのは…」であるが〔独語版原書233頁〕、露語2版にはその直前に短い段落があり、それは「だから、資本制産業の諸局面の周期性は、決して、ジェヴォンズが想定するように厳しい性格をもつものではない。」となっている〔露語2版、157頁〕。

14）救仁郷訳253頁には統計表が存在するが〔独語版原書237頁〕、露語2版のものとは数字が異なっている。露語3版以降の表が独語版と同じであることから、露語2版のものは誤りで、独語版の表が正しいものと思われる。

15）救仁郷訳257頁には注が存在するが〔独語版原書241頁脚注〕、露語2版には存在しない。

16）救仁郷訳265〜266頁の「いずれにせよ明白なのは、…」で始まる段落と付注および引き続く「過剰生産が…」と「しかしまた、…」の段落は〔独語版原書250〜251頁〕、露語2版には存在しない。

付録3

以下、両版は基本的に同じものと考えられる。

付録 4
『英国恐慌史論』露語 3 版と仏語版

　『英国恐慌史論』の独語版と仏語版の理論部分の構成が大きく異なることは、両版に翻訳があることから、周知の事柄である。そして付録 2 で紹介したように、独語版と露語 2 版のそれは酷似していた。では露語 3 版はどうななか？

　結論からいうと、露語 3 版（1914年）のそれは、一つの点を除いて、仏語版に非常によく似ている。一つの点とは、カウッキーへの反批判であり、仏語版はそれを欠くが、露語 3 版にはそれがあるということである。また、もう一つ気づくことは、露語 3 版では、一度消え去った露語初版部分が少なからず復活しているということである。

　すでに鍵本博訳という素晴らしい訳をもつ我々としては、本書の内容に以下のことをたせば、露語 3 版のおおよその内容も摑めるということになる。順に見て行こう。

1）仏語版底本問題

　我が国で『英国恐慌史論』といえば、先の鍵本氏による仏語版（1913年、パリ）からの翻訳（日本評論社版）が戦前からあり、それが名高い。戦後、極東書店の独語版リプリンとそれの訳と思われる救仁郷繁訳（ぺりかん社）が出版され、理論部分の構成の差異が云々されていることは周知の事柄に属そう。露語 3 版は1914年の出版であり、仏語版は露語版の翻訳であろうから、13年の仏語版の原本は何なのか、ということになる（救仁郷訳書、433頁）。

　トゥガン＝バラノフスキーは多産な人で、その論文は少なくない。もう一つ、彼はそれらの論文をうまく使い回して著作も少なくない、とい

うのが私の印象である。その彼には、『政治経済学基礎』（1909年）という教科書とおぼしき著作があり、私には、そのなかの恐慌論に関連する構成が仏語版・露語3版の原型のように思われるのである。

以下に、3つの著作の関連箇所の構成を掲げる。

『政治経済学基礎』初版の関連箇所の目次を掲げると以下のようである。

第V部　資本制経済全体

　第I章　社会的資本の循環と市場理論

　　I　社会的資本の循環

　　II　古典学派の市場理論

　　III　シスモンディの市場理論

　　IV　市場問題の解決

　　V　市場理論の事実による吟味

　　VI　資本の国際間移動と若い資本制諸国

　第II章　資本制生産恐慌

　　I　資本制循環

　　II　英国における資本制循環

　　III　恐慌諸理論

　　IV　資本制循環と周期的恐慌の解明

『英国恐慌史論』仏語版は以下のようである（鍵本訳を借用）

第2篇　恐慌の理論

　第I章　販路の理論

　　I　社会的資本の流通

　　II　古典的販路理論

　　III　シスモンディの販路理論

IV　販路問題の解決

V　事実によるこの理論の立証

VI　資本の国際的移動および新資本主義国における市場

第II章　各種の恐慌理論

　恐慌理論の三群、1生産の理論（ジェヴォンズ）、2交換の理論（ラヴレー、ジュグラー）、3分配の理論（シスモンディ、ロドベルッス）

第III章　産業循環及恐慌の周期性の説明

『英国恐慌史論』露語3版は以下のようである

第II部　恐慌理論

　市場理論

第一章　社会的資本の循環

第二章　古典学派の市場理論

第三章　マルサス-シスモンディおよびマルクス学派の市場理論

第四章　市場問題の解決

第五章　恐慌諸理論

　生産理論

　流通理論

　分配理論

第六章　恐慌の周期性の諸原因

　類似性は一目瞭然であろう。だが、最初の章の内容を見ると、『基礎』の内容が仏語版と露語3版では拡充され、さらに仏語版と露語3版の内容はほぼ一致しているのである。

　ここから考えられうることはいくつかあるが、私は『基礎』をふまえて、刊行されはしなかったが露語2.5版のようなものがあり、それをも

180

とにまず仏語版が、さらに彫琢されて露語3版ができたのではないかと思っている。

なお、『基礎』の初版は1909年、他に1911年、1915年、1917年、1918年の版がある。国内の大学図書館にはいくつかの版が所蔵されているが、仏語版の記述からぜひ見てみたかった1911年版はないようである。

2）露語3版の内容構成

上の構成対比から明らかなように、『基礎』と仏語版は構成に関してはほぼ等しいことが認められよう。それらが詰め上がって露語3版のそれになったと思われる。以下では、訳のある仏語版と本書（露語初版）を主体に、露語3版の関連部分の概略を記す。『マルクス主義の理論的基礎』からの転用も注目される。『理論的基礎』の露・独両版のいずれが先に出版されたかは訳者には不明である（初版序の内容は両版ほぼ等しいが、付された日付は独語版の方が若干早い）。邦訳に関していえば、すでに戦前、相互補完的な安倍浩訳（『唯物史観と餘剰価値』大正11年、天佑社）と高畠素之訳（『唯物史観の改造』大正14年、新潮社）が存在する。関連するのは後者であるが、独語版（初版）からの訳のためか、注が省略されていたり、露語版（第3版）とはニュアンスの異なるところがないではない。

その1

鍵本訳1章1節「社会的資本の流通」に対応する露語3版の1章「社会的資本の循環」は、段落の調整程度で両版に基本的な相違は見られない。内容は鍵本訳と同じということである。

その2

鍵本訳1章2節「古典的販路理論」に対応する露語3版の2章「古典学派の市場理論」は大幅に拡充されているが、その内容は初版の復活で

ある。

1）鍵本訳 2 節はじめのセンテンス「販路の問題は…」から次とその次
のセンテンス「困難の…ある。」が本章の劈頭を飾り、段落を改め、
露語初版377原頁（本訳書23頁）「産業恐慌の歴史の叙述に際して…」
が続き、以下、384原頁（本訳書29頁）の「かかる命題をもっては…
別段驚くに値しない」まで初版が連続する。

2）次に鍵本訳194頁の「この拋棄にもかかわらず…」から196頁最終段
落の「…科学的支持を受けたのである。」がくる（そこに付され次ペ
ージに及ぶ長めの注を含む）。ただし、本文最後の段落の一文「ジェ
ー・エス・ミルは資本蓄積過程を右と同じように考えた。」は削除さ
れている。

3）その後に続くのは、先の露語初版の続きの箇所384原頁（本訳書30
頁）の「リカードの体系においては…」であり、その後初版は387頁
（本訳書31頁）の「N. ジーベルが、『ミルの任意の読者は、これらの
章の内容に関する明確な概念をつくったか？』とたずねているほど、
わかりにくい。」まで続く。

4）その次に続くのは、鍵本訳197・198頁の章末の 2 段落「故にセーの
理論の…」と「さらにこの理論は…」であり、鍵本訳と対応した箇
所で本章は終わる。「さらに…」の段落の最後のセンテンス、「この
理論はシスモンディによって」は「この理論はマルサス‐シスモン
ディによって」となっている、

その 3
鍵本訳 1 章 3 節「シスモンディの販路理論」に対応する露語 3 版の第

付録4

　3章「マルサス‐シスモンディおよびマルクス学派の市場理論」は、これまた大幅に拡充されているが、やはり初版の復活が目立つ。露語2版では、露語初版に結構あった理論史＝学史的部分がばっさりカットされた印象が強かったが、露語3版では、それらが後の章を含めて復活拡充されているということである。また『マルクス主義の理論的基礎』からも結構な転用がある。

　5）本章の冒頭は露語初版387原頁（本訳書32頁）の「国民経済における不生産的消費の意義に関するマルサスの見解は…」の段落であるが、そこから延々、露語初版403原頁（本訳書46・47頁）の「…それだけで、生産の拡大はそれ自身で自己の市場をつくり出すということを承認したということを、ついでに心にとめておこう。」まで、初版が復活している。

　6）次に続くのは、『マルクス主義の理論的基礎』とも重なる次の叙述である。

　しかし、自身の理論の事実上の放棄にもかかわらずシスモンディの理論は、現在にいたるまで支配的であり続けている。その基礎上にマルクスとエンゲルスは立っている。
　資本制的産業にとっての市場の不足の理論は、すでに40年代央にエンゲルスによって、『ライニッシェ・ヤールビューヒャー』に印刷された「エルバーフェルトにおける演説」の一つで、また同様に、「英国十時間労働法案」（『新ライン新聞』1850年）で、十分明白に述べられ証明された。

　恐らくつながりを考慮して、『理論的基礎』の対応個所に一部手を入れたものと思われる。

183

7）次には『マルクス主義の理論的基礎』からの次の転用がくる。『理論的基礎』と完全に同じということではないが、ほぼ同じと認められる。底本はあくまで『英国恐慌史論』の露語３版であり、『理論的基礎』は参照するにとどめた。また、脚注のうち引用注は、（　　）に入れて本文中に組み込み、それ以外は文末においた。

エルバーフェルトにおける演説においてエンゲルスは、共産主義は「ドイツにとって、歴史的必然ではないが、経済的必然である」ということを証明するという課題を自己に課した。この命題は彼によって次のようにして証明された。ドイツは、自由貿易か保護貿易かを選択しなければならない。もしドイツが自由貿易をよしとすれば、ドイツ産業は英国の競争により一掃され、大量の失業者がドイツに社会変革をもたらすであろう。しかしもしドイツが別の道を進み、そして高い保護関税を導入するなら、このことは、その結果ドイツ産業の急速な発展を招来せずにはいない。増大しつつあるドイツの大量の生産物にとっては、国内市場はきわめて狭いということがじきにわかり、ドイツは自己の産業のために外国市場を探す必要性にすぐに気づく。そしてこのことは、今度は、ドイツ産業と英国産業間の生死をかけた闘いを招来せざるを得ない。

「産業は、追い越され衰退に向かわないためには、不可避的に進歩しなければならないし、他方そのためには、新たな市場を闘いとらなければならないし新たな生産設備を配さなければならない。しかし、中国が世界交易に開放されて以来、闘いとられねばならぬ新たな市場もないので、古い市場をより強く搾取し尽くすことが必要である、将来の産業発展がより緩慢になるであろうせいで、将来、英国は他国との産業競争に今より耐え忍べない方向へ傾くことであろう。」かくの如く、独英産業間の闘いは、最も弱い競争者の破滅、したがって社会の大変動という唯一の結末へ至るかもしれない。しかし、もし一国で資本主義が崩壊する

とすれば、残るすべての国においても資本主義は崩壊せざるをえない。

　この議論のすべてはエンゲルスにとってはまったく争いがたいもののように見える。「一定の数学的前提の基礎上に一定の数学的結論に達するのと正に同様の確実性をもって…と彼は主張する…現存の経済的諸関係と政治経済学の諸原理の基礎上に、我々は、社会の大変動は不可避であるとの結論に達せざるを得ない。(„Gesammelte Schriften von Marx und Engels", 第Ⅱ巻、393〜399頁〔Werke 版第 2 巻554・555頁、大月書店全集版第 2 巻581・582頁〕)

　同一の見解を、エンゲルスは英国に適用される自己のその後の論文(1850年)においても敷衍している。彼の全議論は次の命題に発している、「産業は、その発展の現代の高見においては、自己の市場を拡大しうるよりも遥かに速く生産諸力を拡大する」。それ故、「英国の産業家は、その生産手段は市場より遥かに急速に拡大しているのであるが、次のような時機に急速に歩を進めつつある。すなわち、そうした時機とは、救済手段が使い尽くされているときであり、一つの恐慌を他のそれから分ける繁栄期が、過度の発展に達した生産力の圧力の前で完全に消し飛んでしまうときであり、やっと生き返りつつある産業活動〔がつくり出す〕短い沈滞期によって諸恐慌が互いに分けられるときであり、さらに、もしこの当の異常な状況が自身の回復手段ではなく、またもし産業発展が、社会の指揮管理が自然に移らざるを得ない階級 … プロレタリアートをつくり出していないならば、産業、交易、現代社会の全体が、一方では利用されない生命力の余剰による、他方ではまったくの疲弊(国民の)による、破滅の危機に瀕するであろうときである。社会の大変動は不可避であり、プロレタリアートの勝利には疑いを得ない。」(„Gesammelte Schriften von Marx und Engels"、第Ⅲ巻、389〜394頁〔Werke 版第 7 巻238〜242頁、大月書店全集版第 7 巻243〜248頁〕)

　発展しつつある資本制産業の生産物のための市場の不足というこの理論は、たとえば、有名な『共産党宣言』やデューリングに対するエンゲ

185

ルスの論争書といったマルクスとエンゲルスの他の著作において、資本主義崩壊の必然性に関する彼らの論議の理論的基礎をなしている。『宣言』の著者たちは主張する、「ブルジョア社会の社会的諸関係は、彼らによってつくり出された富全てを入れるには、きわめて狭い。ブルジョアジーはどうやってこの恐慌を克服するのか？　一方では、大量の生産力の廃棄によって、他方では、新市場の獲得と諸国の搾取の強化によって。では一体、どうやって？　より全面的で激烈な恐慌を準備し、恐慌と闘う手段を縮減することによって。ブルジョアジーが封建制度を打ち倒した武器は、今や、ブルジョアジー自身に向けられる。」(„Das Manifest". 5 版. 1891年. 14頁.〔『共産党宣言』、Werke 版第 4 巻468頁、大月書店全集版第 4 巻481頁〕)

　デューリングに関する自己の著作においてエンゲルスは、すべての抵抗に打ち勝ちつつある資本制産業の拡大における需要について指摘している。「大産業の生産物の市場における消費、需要がこうした拡大に対する抵抗となっている力である。市場の拡大能力は、外延的なものであれ内包的なものであれ、はるかに弱いエネルギーで作用するまったく別の法則に従っている。市場の拡大は、生産拡大のテンポと同じ急速なテンポでは進むことができない。双方の衝突は不可避となるが、資本制的生産様式がそのせいで崩壊するまでは、この衝突は如何なる解決をも許さないから、それは周期的性格を帯びる」。資本制産業の行程は、慢性的な過剰生産と資本制的生産のさらなる発展の不可能性により、したがって、その最終的な崩壊によって幕を閉じねばならぬ、狭まりつつある螺線をなしている。(„Herrn Eugen Dührings Umwälzung der Wissenschaft". 296頁〔『反デューリング論』、Werke 版第20巻257頁、大月書店全集版第20巻284頁〕)

　『資本論』第Ⅲ巻においてマルクスは次のように説明している、直接的生産によっては、ただ資本制的経済過程の第 1 幕が完了しただけである。第 2 のそして困難な幕　…生産された生産物の実現…　が残されて

いる。資本制的生産法則と実現法則とは単に同一でないばかりではなく、相互に対立してもいる。資本制的生産は、社会の生産力によって制限されている、他方、実現は、「さまざまな産業の比例性および社会の消費力によって〔制限されている〕。この後者は、逆に絶対的な生産力や絶対的な消費力によって規定されているのではなく、社会の広汎な大衆の消費を狭い限界内でのみ変動する最小限へ引き下げる敵対的な分配諸条件の基礎上にある消費力によって規定されている。さらに、この力は蓄積、資本増大の努力という障害に出会う…このように、生じつつある内的矛盾は外的生産場面の拡大によって解決に努める。しかし、生産力は発展すればするほど、ますます、消費諸関係がよって立つ狭い基盤と対立する矛盾となる。」

　結局、マルクスは以下の結論に到達する。「資本それ自体が資本制的生産の真の制限である」、すなわち、「生産は、資本のための生産であって、逆ではなく、生産手段は生産者達の社会生活を絶えず拡大する手段なのではない」。資本制的生産のこれらの制限（資本制的生産の生産物の販路のための市場の不足）は、拡大への資本の努力と不可避的に対立する。「手段…社会的生産力の無制限的発展の…が、資本の増殖と言う自身の制限された目的と絶えず衝突する。」（„Das Kapital" Ⅲ-1巻、225〜226頁〔『資本論』、Werke 版26 a 巻254・255頁、大月書店全集版26 a 巻306・307頁、青木書店版 4 巻355・356頁〕）

　これらの議論の基礎に横たわる理論を要約すると、次のようになろう。資本制的生産のための市場の大きさは社会的消費の大きさによって規定される。もし生産された大量の生産物が消費よりも急速に拡大するならば、生産された生産物の一部は販路を欠き、資本の一部は投資先を欠くであろう。全般的な商品の過剰生産が生ずる。資本制的生産の発展は、この過剰生産をより不変なものにする、何故ならば、資本制的経済下では社会的消費は比較的緩慢にしか拡大しないが、しかし、生産はきわめて急速に成長するのであるから。かくのごとく、全般的な商品の過剰生

産は慢性的になり、資本制的産業の生産物のさらなる実現の不可能性の結果、資本制的経済制度が崩壊する時機が到来せざるを得ない。

これらの見解は、現在にいたるまで、マルクス主義者の相異なるグループの間で支配的である。カール・カウツキーは、彼の先生たちとも同様、資本制的経済制度は慢性的過剰生産へと確実に歩を進めるが、それは資本制的生産様式にけりをつけずにはいないと、断固として信じている。「もし経済発展が今と同じ傾向を保つならば、それだけで、そのような状態が　…とカウツキーは言う…　不可避的に到来せざるを得ない、何故なら、国外市場も国内市場も自己の限界を有するが、しかし生産の拡大は実際上無制限だからである…資本制的生産様式は、市場が生産と同じテンポでは拡張され得ないということが最終的に明確化する歴史的時機以降、すなわち、過剰生産が慢性的になった時以降、不可能になる。」そして、かかる時機はカウツキーによれば遠くはない。不治の慢性的過剰生産は、「現代社会の生活能力の最端限界」をなす。(Kautsky. „Bernstein und das socialdemokratische Programm" 142～45頁、〔カウツキー著、山川均訳「マルクシズム修正の反駁」、『世界大思想全集47』春秋社、1928年、216～222頁)

クノーもまたまったく同様に市場不足による資本主義崩壊の必然性を確信している。彼にとってはただ、次のことが問題である、「資本制的生産様式が、どれほど長く、各国内で維持されるのか、そしてそこにおいて如何なる仕方で資本制度の崩壊が実現されるのか。…産業は、その存在すべてが輸出に依存しているのに、ここかしこで輸出の縮小を迫られよう…きわめて微弱だとは言え、我が国農業で観察されているものと同じ経済的没落の状況がついに到来するまでは。…経済的没落、そこからの一つの活路が、支配的な経済制度の廃絶である訳ではあるが。」(Cunow. „Zur Zusammenbruchstheorie". „Die Neue Zeit" XVII. 427～428頁〔なお、グロースマン著、有沢廣己・森谷克己訳『資本の蓄積並に崩壊の理論』改造社、1932年、54～55頁参照))

しかし、カウツキーやクノーが自己の先生達の遺訓に忠実であること
は決して奇異なことではない。より興味深いのは、修正主義者のコンラ
ッド・シュミットが、カウツキー同様、資本制的市場の拡大能力不足故
の慢性的過剰生産の可能性を固く信じていることである。恐慌に関する
私の独語版の著書についての論文において、シュミットはついでに以下
のようにいっている、「すべての過剰生産はただ資本配分の不比例によ
って説明されるというトゥガン＝バラノフスキーの見解が正しいなら、
マルクスやマルクス主義者の考えるように、資本主義は己の墓穴を掘る
と言うのは何故か、わからないであろう。もし恐慌の災いが生産配分の
均衡の欠如にのみ起因するとするならば、資本主義の発達につれて、現
存経済制度の全根底を揺るがすまで災いが増大することは決してないで
あろう。しかし、恐慌の原因として、生産の不比例性からはまったく独
立して、生産拡大それ自体が、伸縮性はあれ、国民の消費需要において
自己の限界に出くわすということがわかるならば、事態はまったく違っ
た様相を帯びる。この見解からは、資本制的発展は、宿命的不可避性を
もって全般的経済崩壊に行き着くということが、最も単純かつ明白に示
されよう。何故なら、一方で、資本家は労賃の上昇と闘わないのであろ
うか、闘いは所得を、したがって大衆の消費需要を、最小限に縮減する
傾向をもっている、他方で、資本家自身は自己の所得と同時に投資先を
求める資本の蓄積を急速には拡大しないのであろうか？　この場合、消
費の成長は蓄積のそれに追いつけるであろうか？　もし追いつけなけれ
ば、…生産の基礎…消費需要…が資本蓄積と生産拡大に遅れをとればと
るほど、商品の販売は増々困難になりはしないであろうか？　かくの如
く、資本制的発展それ自体は過剰生産を強める傾向を有している。資本
制社会の自然な発展経路は、破産への、新たな社会制度への、不可避的
な転化の途である。」（Konrad Schmidt. „Zur Theorie der Handelskrisen
und der Ueberproduction" Socialistische Monatshefte, 1901年、675頁）
　こうした資本主義の発展傾向を、シュミットがただ対立した性格の他

の諸傾向によって規定される傾向とのみ見なしていることは確かである。しかし、いずれにせよ、シュミットが当該問題点に関してはカウツキーと同様の市場理論の土台の上に立っていることは、明らかである。「修正主義者」も「正統派」もこの問題点においてはまったく同意見なのである（〔原注〕最近、ローザ・ルクセンブルクの分厚い著作『資本蓄積論』が表れた、そこにおいては、私の市場理論を批判しているのとまったく同じ視点が発展させられている）。

　しかし、ブルジョア経済学者も、生産の大きさは消費の大きさによって規定されることや生産は消費よりも早くは増大し得ないということは疑いないと見なしている。その際、セイ‐リカード学派は、商品の全般的過剰生産の可能性を認めない、というのは、この学派によれば、資本蓄積に際し投資された資本はすべて労働者の処分しうるものに転化するが、そのおかげで、ちょうど資本家の消費が減ったぶん労働者の消費が増えるので、資本蓄積は国民消費総体を減らし得ないという見解に、彼らが立脚しているからである。これに対しマルサス＝シスモンディ学派は、商品に対する需要に比しての商品の相対的供給過剰へと行き着くところの、資本蓄積の過度のスピードに由来する商品の全般的過剰生産の可能性を認めている。どちらの学派も、社会的生産の大きさは社会的消費の大きさに一致しなければならずまた資本制的生産は国民消費に立脚しなければならないことは明らかであると見なしている。

　資本蓄積の条件を研究していた最新の理論家のなかでとりわけ抜きん出ているのはボェーム＝バヴェルクである、資本に関する彼の教義は、多くの人々により、専門知識と分析の深さの真の傑作と認められている。そして実際、ボェーム＝バヴェルクは、力量と思考の独創性の面で現代の経済理論家のなかで正に第1位を占めるべき一人である。ところで、この非凡な理論家は、資本蓄積の条件の入念な分析の結果、「国民所得の総額は、最終的には、国民生産総額にまったく一致する」との結論に達し、そして、我々の時代の他のすぐれた理論家、レキシスを、共感を

込めて引用している、レキシスによれば、年々の「総消費」と「総生産」と「基礎的総所得」は、その大きさにおいて、量的にほとんど一致するのである。（Böhm＝Bawerk. „Positive Theorie des Kapitals". 2版、1902年、123頁）

　そうした次第で、恐らく、資本制的生産と消費需要の一致の必要性に関する命題は、如何なる陣営に属そうが、経済学者の教義の一般的な定説であると見なしうるであろう。もちろん、きわめて多くの経済学者は、資本主義制度の崩壊の可能性など信じてはいない、彼らによれば、資本制的発展は消費より相対的に急速な生産の成長を伴なうことはないということだが、ただそれだけの理由によってである。しかし、もし後者〔消費より相対的に急速な生産の成長〕を仮定すれば、現代の経済学者のごく少数の者は、そうした場合、資本制的経済のさらなる存在は最終的に経済的に不可能であることがわからざるを得ないといって、争う決意をすることであろう。

8）次に続くのは次の一文で、露語3版オリジナルである。なお、この段落においては、ヴォロンツォフに敬称は付いていない。

　ロシアの経済学者はどうかといえば、彼らの圧倒的多数はシスモンディの理論をまったくかつ留保なしで認めている。現在までこの分野においては、ヴェ・ペ・ヴォロンツォフの見解が支配的であって、彼の論敵のマルクス主義者、たとえばフィン＝エノタエフスキー氏でさえ、このロシア・ナロードニキの創設者の見解を何等の本質的変更もなく繰り返している。ヴォロンツォフの考えは、ア・ア・イサーエフによっても、ドイツ語文献においてはルクセンブルクによっても繰り返されている。彼女は、この問題に関してはロシア・ナロードニキの正統な弟子である。

9）次に続くのはロシア関係の叙述であり、露語初版の404原頁（本訳

書48頁）「資本流通が容易に支障なく完結されるためには…」の段落
から406原頁（本訳書49頁）「モファットをも困惑させたものとまっ
たく同じ事情…」の段落の途中、「そして、ヴェ・ヴェ氏はといえば、
この生産物の超過分を国外に投資し、」までである。「そうやって、
自らがつくり出した困難な状況から切り抜けようとしているのである。」
は削除されている。結局、初版復活個所は「そして、ヴェ・ヴェ氏
はといえば、この生産物の超過分を国外に投資する。」で終わるとい
うことになる。

10）次に続くのは鍵本訳199頁末「シスモンディの理論は…」の段落か
ら201頁前半「しかしながら…」の末尾までである。

その4

　鍵本訳1章4節「販路問題の解決」に対応する露語3版の第四章「市
場問題の解決」では、カウツキーへの反批判＝第4表式的なものの復活＝
挿入（『マルクス主義の理論的基礎』からの転用）がまず注目される。
また、5節「事実によるこの理論の立証」・6節「資本の国際的移動及
新資本主義国における市場」は、章に昇格することも、節にとどまるこ
ともなく、ただ文章だけがこの第四章末尾に置かれている。先の復活＝
挿入の後には、そこに及ぶ補足もある。

11）露語3版4章「市場問題の解決」の冒頭は鍵本訳203頁の「四　販
路問題の解決」の初めに対応しており、そこから鍵本訳217頁「しか
し消費こそは…おけるものと異なっているのである。」の段落までと
同じものが続く。表式だけに着目していれば、露語2版と独語版の
2つの表式と同じものが露語3版でも使われているということであ
る。

12) 露語3版ではその次の段落から、『マルクス主義の理論的基礎』の
　　表式関連個所（高畠前掲書では、200頁〜213頁）が、完全に同じも
　　のではないにしろ、挿入される。それを以下に掲げる。注は引用注
　　ではなく、それなりの長さがあるので、末尾に掲げた。

　調和的経済下における経済活動が社会の欲求充足以外の目的をもち得
ぬことは、きわめて明らかである。そうでないものは敵対的経済に関す
るものであることを物語っているというべきである。この場合、経済過
程にはまったくその経済的役割を異とする2つの範疇の人々が参加する。
第1範疇の人々は経済的事業の主体であり、経済過程の客観的な方向を
決定する。これらの人々…奴隷主・地主・資本家…は、恐らく、調和的
タイプの経済における全社会参加者と同様の状況にある。が、敵対的経
済には、単なる生産手段の役割を果たしている労働者もまた、自己の労
働で参加している。彼らは自己の目的ではなく、他人の目的に役立つ経
済機構の構成因となっている。約言すれば、労働者は主体ではなく、労
働家畜、労働の道具、原料資材と並ぶ、敵対的経済の客体である。
　このことが、たとえば、奴隷に関して正しいことは明らかである。奴
隷自身、自分にとっては自分自身が目的にとどまるだろうとは言えども、
このことは奴隷制経済の方向性には何等の影響も与えない、何故ならば、
奴隷ではなく奴隷主がこの方向性を決めるのだから。奴隷主にとっては、
…したがって客観的には奴隷制経済にとっては…奴隷の消費は、この経
済の性格の下では、所謂生産的消費…生産過程における生産手段の消費
と決して異なりはしない。奴隷制経済は、奴隷が食べたり飲んだりする
こと等を必要とするが、それは、奴隷に労働を負わせることができるた
めに必要な限りにおいてのことである。
　奴隷主は自己の奴隷を食わすことを強いられる、思慮分別のある奴隷
主は奴隷をそれ相応に食わせるであろうが、それ相応の食は、牛馬同様、
人間の労働能力を強める、ただそれだけの故である。

奴隷は、奴隷制経済の最終目的をまったく毀損することなく、他の生産手段で置き換えられ得る。「古代ペルシアの犂は後端に横木を付けた単なる丸太に過ぎず、この丸太を6〜8人掛かりで畑でひいていた」（Lippert, Die Kulturgeschichte, リッペルト『文化史』1885年、第1部、52頁）我が想像上の奴隷主は、馬たちはこの仕事をたいへんうまくこなし得るという結論に達し、そして奴隷の一部を馬と置き換えるであろう。彼の畑の一部には、奴隷の食物用のライ麦を播く代わりに、馬のえさ用に牧草が播かれるであろう。当該経済では、生活を支えられる人間の数はより少なくなり、支えられる馬の数はより多くなろう。奴隷主はこのことからより貧しくではなくより豊かになる、何故ならば、彼の畑の耕作はよりうまく行われるようになり、彼の個人的消費に入る剰余生産物はより多くなるであろうからである。かくのごとく、主体の側の消費の増大は、生産手段を演じている人々の側での消費の縮小を伴うであろう。この後者の縮小はたいそう著しいであろうから、当該経済における社会的消費の総額（すなわち、奴隷主と奴隷の消費総額）は、より少なくなるであろう。経済はその主体の、奴隷主の消費充足というその客観的目標に、奴隷以外の他の生産手段の助けで、同じ位うまくあるいはよりうまく到達する。生産された生産物の量は増加するであろう；資本制生産下で資本に相当するその部分は、余りなく使用しつくされ消費される（とはいえ別の仕方で、以前は人によっていたものが、一部は馬によって）；剰余生産物も同様に増加する。ただ社会的生産のみは、奴隷制経済における生産と消費の均衡の如何なる破壊もなしに、減少する。

　今や資本制的経済へ移るとしよう。カウツキーは、本書の独語版に関する自己の論文において、上に引用された資本蓄積の表式には異を唱えるところがなかった。が、私に対する批判的意見によれば、これらの表式は、私がそれらから引き出したことを何も証明していないという。「トゥガンの表式は…とカウツキーは言う…単純再生産から拡大再生産への移行に際して、消費の縮小が恐慌を惹起しないただ一つの場合の存

在を指摘している。この唯一の場合をトゥガンは資本制的現実の典型と見なしている；しかし、実際には、こうした場合ははとんど決して起こらない」(„Krisentheoien". „Neue Zeit". 「恐慌論」、『ノイエツァイト』1901年、116頁)。〔カウツキー他著、松崎敏太郎訳編『恐慌論』叢文閣、1935年、56頁〕

　私見によれば、カウツキーが唯一のそしてほとんど起こらない場合と呼んだものは、資本制的発展の一般法則なのである。私は、私の理論にとっては最も不利と思われる資本蓄積の場合　…労賃の不断の著しい低下と資本家階級の消費の不動化の下での資本蓄積の場合を、以下の説明のなかで考えることにする。以下の表式において、私は、労賃は毎年価値で25%低下し*、資本家の利潤総額は増加するものの、資本家階級の消費価値は不変にとどまる〔という仮定を〕採用する。私の仮定にしたがって、第１年の利潤総額の1/4は資本家により蓄積され（すなわち、生産拡大に使用され）、残る3/4は当の資本家によって消費される；次の年から資本家の消費は変化を被らない…したがって、利潤のますます多くの部分が蓄積される。

　　〔＊この条件は以下の表式では第Ⅲ部門でしか生かされていない。削除するか追加の条件が必要と思われる。〕

労賃低下および資本家の消費不変のもとでの拡大された規模での再生産[1)]

第１年

Ⅰ　　生産手段の生産

$$1,632c + 544p + 544\pi = 2,720$$

Ⅱ　　労働者階級の消費物品の生産

$$408c + 136p + 136\pi = 680$$

III　資本家階級の消費物品の生産

$$360c + 120p + 120\pi = 600$$

第2年
I　生産手段の生産

$$1{,}987.4\ [a6]c + 498.8p + 828.1\pi = 3{,}312.3$$

II　労働者階級の消費物品の生産

$$372.6c + 93.2p + 155.2\pi = 621$$

III　資本家階級の消費物品の生産

$$360c + 90p + 150\pi = 600$$

第3年
I　生産手段の生産

$$2{,}585.4c + 484.6p + 1{,}239\pi = 4{,}309$$

II　労働者階級の消費物品の生産

$$366.9c + 68.9p + 175.5\pi = 611.3$$

III　資本家階級の消費物品の生産

$$360c + 67.5p + 172.5\pi = 600$$

　この表式は、社会的消費の縮小と社会的生産の急速な拡大にもかかわらず、市場で居場所を見いださない余剰生産物が決して形成されないためには、社会的生産はどのように配置されねばならないかを示している。第1年目の利潤総額は800百万ルーブリ（544＋136＋120）に等しい。この利潤の25％が、仮定にしたがって資本化される。それ故資本家の個人

消費のためには第2年目は600百万ルーブリだけが残されるだけである。引き続く年々においても資本家の消費には同じ総額である。

第1年目の終わりには2,720百万ルーブリという額の生産手段が生産される。これらの生産手段すべてが第2年目の拡大生産に吸収される、何故なら、拡大生産は額にして（1,987.4＋372.6＋360）＝2,720百万ルーブリの生産手段を要するからである。労働者の消費物品は第1年目680百万ルーブリの額でつくられるが、それは第2年目の労賃（したがって、労働者側の消費物品に対する需要）の額と同じ大きさである（496.8＋93.2＋90）。第1年目に600百万ルーブリでつくられた資本家階級の消費物品は、第2年目に残らず消費される。したがって、第1年目の社会的生産物は残らず第2年目の社会的生産と消費に支出される。

第1年目の労賃総額は544＋136＋120＝800百万ルーブリに等しいが、第2年目は…680百万ルーブリである。したがって、労働者の消費は120百万ルーブリあるいは15%減少した、資本家の消費は、仮定にしたがって、変化を被らなかった。第1年目の全社会的生産物は価値で（2,720＋680＋600）＝4,000百万ルーブリに等しく、第2年目は…（3,312.3＋621＋600）＝4,533.3百万ルーブリに等しい。社会的生産物の価値は13%増加した。

したがって、社会的生産の《拡大》は社会的消費の《縮小》を伴う、…しかも、それにもかかわらず、生産物の需要と供給は、完全な均衡を保ったままである²⁾。

第3年において労賃総額は484.6＋68.9＋67.5＝621百万ルーブリにまで、第4年においては611.3百万ルーブリまで落ち込むが、資本家の消費価値は変化を被ってはいない、他方、全社会的生産物の価値は増々急速に増大する。社会的生産の不断の拡大のもとでの社会的消費の不断の縮小は、資本制生産の生産物の実現過程において、きわめてわずかの混乱であろうとも引き起こすことはできない。

このように、いかなる時にもそのようなことは現実には見られないわ

けであるが、労賃の大幅な縮小にもかかわらず、即ち、社会的消費の絶対的縮小にもかかわらず、社会的生産物の実現にとっては如何なる困難も生じない。生産の拡大、生産手段の生産的消費は、個人的消費にとって換わる、そしてすべては、あたかも、経済が人々の消費充足手段なのではなく、人々が経済的消費を満足させる手段であるかのように円滑に進行する。

　これはまた資本制的（そして一般にすべての敵対的）経済の基本的パラドックスである：この経済制度においては、社会のただ一部のみが経済事業の主体であり、残余の多くの部分は経済的客体であるのだから、その下で経済が社会的欲求の充足手段から、国民的消費を犠牲にして、単なる経済拡大の手段になってしまうような経済過程の傾向が可能となる、換言すれば、経済は自己の本来の目的を達成することをやめるのである。これは私が考えだした「大胆なパラドックス」…カウツキーはそう名づけている…ではなく、資本制的経済システムの正に本質に基礎づけられた、自然法則なのである。

　かくの如く、資本制的経済は、国民消費の大幅な絶対的縮小のもとにおいてさえ、崩壊の危険を被ってはいない。市場不足による資本制生産様式の崩壊…この「正統派」のみならず、恐らくは、若干の「修正主義派」の信仰のシンボルは、…最も純粋な幻想であることがわかる。現代社会の資本制的外皮は、経済のすべての本来的課題に恐らく矛盾する条件のもとでさえ、破綻の恐れはないのである。

　市場の法則に関する通常の教義の破産を証明するために、私は自己の分析のために、この教義にとって、恐らく最も好都合な場合を選んだ。とはいえ私は、私がなした仮定…労賃の縮小…が資本制的現実にいくらかでも合致しているとは決して思っていない。私は、逆に資本制的発展の最新段階は実質労賃の著しい上昇によって特徴づけられると考える。それ故、私の分析は名のあるの教義の破産を立証したであろうが、その分析は資本制経済の現実の法則の理解をほとんど促進してはいないよう

付録4

にも見えよう。*

　しかし、これは正しくない。労賃の絶対的増大にもかかわらぬ社会的消費の相対的縮小が、逆に、資本制的発展の基本的傾向なのである。今まで、私は資本制的蓄積の最も本質的な契機を、…生きた労働の生産手段による相対的な置き換えを…それが現実にどうおこなわれているかを捨象してきた。技術進歩というものは、すなわち、機械、道具、その他の生産手段が生産過程において人間労働と置き換わることでもある。社会的生産に従事する労働者の絶対的な数が増加するのは確かであるが、労働者により運転される生産手段の量と価値とはさらに最大限増加するのである。社会的資本構成…マルクスの術語で表現される…は、ますます高度になる。換言すれば、社会的生産物のますます少ない部分が消費に入る〔に過ぎなくなる〕。人によっては消費され得ない石炭・鉄・機械等々の生産物の生産が、人の消費物品…食糧・衣料等々よりはるかに急速に増加する。したがって、社会的消費の相対的縮小が起きる…それは生産手段の総価値額に比して低下する（それは絶対的には増加するのだが）。

　調和的経済下においても技術的進歩は生産手段の役割の相対的増加によって表現されるというのは、正しい。しかし、違いは、調和的経済下においては機械は労働者の競争者に決してなり得ない…鉄や石炭や潤滑油の消費は決してパンや肉やミルク等々の消費を削って行われ得ないというところにある。

　資本制的経済下にあっては、資本家階級は調和的経済下において可能であろうより、社会的生産物のきわめて多くの部分を生産手段に転化する。生産者の連合においては、生産の目的は社会的消費の可能な限り完全な充足であろう、それ故、生産の拡大が社会的消費の拡大を伴わないような事態はまったく排除されるであろう。正に資本制的経済においては、技術的進歩は社会的欲求を犠牲にして人々の消費を生産手段の消費に置き換える傾向を有する。

199

しかし、生産手段の生産的消費による人々の消費のこの相対的な置き換えは、市場で居場所を見いだせない過剰生産物の形成を引き起こしはしないのか？　もちろん、引き起こしはしない。先に示した規範に従って新たな表式をつくることはなんら必要でもないし、また、労働者の機械による最も広汎な置き換えそれ自体は何ら機械を過剰かつ無用にすることが出来ないことをはっきりと示すこともなんら必要ではない。すべての労働者が〔最後の〕一人になるまで機械に置き換えられるとせよ；こうした場合、この唯一の労働者は巨大な機械群を運転し、それらの助けで新たな機械と資本家階級の消費物品を生産することであろう。労働者階級は消えてなくなるが、このことは資本制的産業の生産物の実現を何等困難にさらすものではない。資本家達は消費物品の大量を自己の自由にするであろうし、1年間の全社会的生産物は翌年の資本家の生産と消費に吸収されるであろう。蓄積に熱心な資本家が自分自身の消費の縮小をの望むならば、それは完全に実現されよう；その場合、資本家の消費物品の生産は縮小され、そして社会的生産物のさらに大きな部分が、さらなる生産拡大に予定された生産手段を構成することであろう。たとえば石炭と鉄が生産されるであろうが、それらは石炭と鉄のさらなる生産にはいるであろう。翌年の石炭と鉄の拡大された生産は、前年に生産された石炭と鉄を吸収するであろうし、同様のことがしかるべき鉱物の天然の埋蔵物が掘り尽くされるまで限りなく繰り返されよう。

　これらすべては非常に奇妙に聞こえよう…最大のナンセンスにすら見えよう。恐らく…真理は必ずしも常に容易に理解できるとは限らない；それでも、それは真理なのである。私が、独断的で、決して現実に対応してはいない次の仮定、すなわち、機械による手労働の置き換えは労働者数の絶対的縮小へ至るという仮定（私には最も極端な結論においてさえ私の理論はまったく有効だということを示すためにこの仮定が必要であった）ではなく、社会的生産の比例的配分のもとでは社会的生産の如何なる縮小も過剰生産物の形成に至り得ないという命題を真理と名づけ

付録 4

たこと、それはもちろんのことである。私は、社会的生産物における国民消費部分の不断の縮小を資本制的発展の基本法則であると見なすが、この縮小は、マルクス〔の主張〕に反して、資本制的生産の生産物の実現過程に何等の新たな困難をつくり出すものではない。消費物品に対する需要の相対的縮小はそうした実現を妨害するものではなく、それ故、それ自体、資本制的経済体制の崩壊を引き起こすものではない。

【注】

1）第1年目、私は全社会的生産部門において生産手段（c）は労賃（p）の価値の3倍、利潤（n）は労賃の価値に等しいと仮定する。第2年目、これらの関係すべては次の規則にしたがって変更される、すなわち、仮定にしたがって、労賃は25％削減され、利潤は引き続き増加する。それ故、第Ⅲ部門の第2年目の労賃は、第Ⅲ部門〔全体〕の価値は変わらないものの、120（第1年目と同じ）ではなく、わずか90（したがって、25％削減された）である；他方、この同じ部門において利潤は引き続き増加し第2年目には150に到達する。生産手段の価値は何等の変更も被らない。第3年目、労賃は再度25％…社会的生産の第Ⅲ部門にお於いては22.5価値単位低下するが、利潤は引き続き増加し、生産手段の価値は（同部門において）同じままである。

2）私の表式のこの均衡は達成されないように見えるかもしれない。そこで、第1年目2,720百万ルーブリの生産物が生産される。社会的生産の第Ⅰ部門のために第2年目1,987.4百万ルーブリの生産手段が必要とされる。かくの如く、残る2つの部門との交換のために、総額2,720－1,987.4＝732.6の生産手段が残っている。同時に、部門Ⅰの資本家と労働者は残余2部門へ総額904.8百万ルーブリの大きさの生産物を発注する（496.8百万ルーブリは労働者の消費物品として要求され、408百万ルーブリは…資本家の消費物品として要求される、何故なら、仮定にしたがえば、資本家自身は第1年目544百万ルーブリに達する利潤の3/4を消費する）。かくのごとくして第Ⅰ部門の資本家と労働者は、販売する以上の172.2百万ルーブリを購買する（904.8－732.6＝172.2）。いかにしてこの172.2百万ルーブリの赤字は償われるのか？

　この困難はただそう見えるだけである。労賃の削減と資本家の消費の不動化は、残余2部門に投資される資本を縮小し第Ⅰ部門へと移すが、それは著

しく増大する、という事態を招来する。そして、第2年目の第Ⅱ部門の資本は、同じ部門の第1年目より少ない78.2百万ルーブリ、第Ⅲ部門は同じく30百万ルーブリ少ない；その他に第Ⅱ部門の資本家は、第Ⅰ部門へ自己の資本化された利潤を規模で34百万ルーブリ投資し、第Ⅲ部門の資本家は30百万ルーブリ投資する。総額は78.2＋30＋34＋30で172.2百万ルーブリに等しい。第Ⅰ部門の赤字のように見えるものは、この部門へ残余2部門から流入してくる資本によって償われる。

3）もう一つの問題は、資本主義は社会的生産のこの比例性に到達しうるのか否か、そしてどの程度到達しうるのかということである。この問題に対して、私は、私の恐慌論で解答を与えている。

〔＊『理論的基礎』露語版では、この段落の「市場の法則に関する通常の教義」は、「マルクスの教義」と、「この教義にとって」は、「『資本論』の著者により証明されたテーゼに」となっている。〕

〔＊＊『理論的基礎』露語版では、「もちろん、引き起こしはしない」の箇所は、「私は、すべてを話した後でこうした類いの問題を提起することが、読者に対する最良の判断であるとは思わない」となっている。〕

13）『理論的基礎』からの転用に続くのは、鍵本訳218頁の「マルクスは、…」以下の段落であり、基本的にはこれが、鍵本訳1章4節を超え5節の最後まで続く。ただし、その間に、補足＝挿入が2ヵ所ある。

14）補足＝挿入の一つ目は、鍵本訳231頁「具体的な一例をとろう。…」の直後におかれたもので、その内容は以下のようである。

たとえば、ニコライ……オンは1886年から1891年の期間にロシアで加工された亜麻繊維と綿の総量は、18.5百万プードから13.8百万プードに減少し、ロシアで収穫された大麻の量は、同時期、9.4百万プードから6百万プードに減少していると見積もった。このことは、繊維産業との関係で我が国内市場が著しく縮小したことを証明するものであった。しかし、ロシアに於ける資本制的繊維産業の生産物のための市場は、縮小

付録4

していないばかりか、著しく拡大した：1886年にロシアにおいて8.3百万プードの綿が加工されたが、1892年にはもう9.9百万プードであった。このことは、資本制的企業家によってつくられる綿織物は農民的亜麻織物や麻織物を駆逐したこと、…資本制的綿織物生産のための市場は、亜麻布や麻布の農民的生産の崩壊によってつくられたことによって、説明される。[*]

　以下、鍵本訳231頁の「故に資本主義的産業の…」の段落へと続いていく。

　　＊ニコライ……オン『概説　改革後の我が国社会経済』、239頁

15）補足＝挿入の2つ目は、鍵本訳232頁章末「…の進歩を妨げ得ないのである。」の後に改行して繋がるもので、それは以下のようになっている。

　ロシア農民の零落は、もちろん、ロシアにおける資本制的産業の発展を遅らせる事情である（もっとも、この零落自体は資本主義成長の現れの一つをなさない以上…農民経済の凋落と時を同じくする綿織物工場の成長は、綿布による麻布や亜麻布の駆逐に表われている）。しかし、それにもかかわらず、我が資本主義はすでに多年にわたり発達しており、今後も発展していくであろう。そして、もしその発展が期待通りの速さで進まないとしても、それは市場の不足のせいではなく…資本制産業の生産物のための我々の市場は、それでもやはり、古くからの資本制的文化諸国家に於けるものよりも、はるかに大きい、…我々の下での社会的労働の生産性の低さ、資本不足および社会的な企業家精神の不足のせいである。

　1894年の本書の初版で初めて展開され、テキストで述べられた市場理論は、当然にも、ナロードニキ派側の異論に出会うこととなった。ロシ

203

ア・マルクス主義派はどうかと言えば、彼らにとってこの理論は、国内市場の基礎上でのロシアにおける資本制的生産の更なる発展可能性に有利な議論であった。そしてそれ故、私が述べた理論は、初め、彼らの多数によりマルクスの理論と見なされた[15]、それは、現実に、当のマルクスによる『資本論』第II巻における社会的資本の流通の分析の論理的帰結であるのだから、そうしたことには一定の客観的根拠がある。

　そして、恐慌に関する私の独語の著作の出版後は、西欧の大衆もこの理論を知ることとなった。ドイツのマルクス主義者たちは、断固とした仕方で私の理論がマルクスの理論と何か共通するものをもっているということを否定した。ベルンシュタインやコンラッド・シュミットのような修正主義者が、カウツキーやローザ・ルクセンブルクのような正統派と一致した。カウツキーは一連の論文を私の理論への反論に捧げた、そのなかで、ロシアにおいてはヴェ・ペ・ヴォロンツォフが私の理論に対して提出したのとほとんど同じ根拠の基礎上に、私の理論を拒否した。コンラッド・シュミットやローザ・ルクセンブルクに関しても、同じことを言わねばならない。

　最近ロシアのマルクス主義者もまたドイツの同僚の見解にしたがい始めた。これらすべては、私に、〔私が〕述べた市場理論はマルクス主義の精神には合致しているが、疑いなく、〔マルクスが書いた〕文字には反しているということを確信させた。ともあれ、カウツキーのようなマルクス主義の専門家ですら〔私が〕述べた市場理論をマルクスのもとに見いだせないのなら、それを『資本論』の著者に帰すことはできない。レスキュールは、私が自己の理論の著作権を無駄に放棄しそれをマルクスのものと見なしていると言って非難しているが、彼は正しい（レスキュール『全般的周期的過剰生産恐慌』、N.シビロバ訳、1908年、433頁、参照）。我がナロードニキ派は、私の理論は正統派マルクス主義の枠内に収まっていないといって押し通しているが、彼らも正しい。〔私が〕述べた市場理論は、こうしたことらから、少しも悪くなりはしない。

付録4

その5

　鍵本訳第2章「各種の恐慌理論」に対応する露語3版第五章「恐慌諸理論」では、やはり初版の叙述が復活している。というより3版第五章は、細かな違いはあるが、ほとんどが初版の流用であるといっても過言ではない。

16）3版第五章「恐慌諸理論」の出だしには鍵本訳233・234頁の第2章「各種の恐慌理論」の出だしの3段落（「…領域内に求めたものが属する。」まで）が使われている。年の表記に改変が見られるが内容は異なっていない。

17）その後は、初版440原頁（本訳書82頁）「J. B. セイは、産業恐慌は商品があまりに多く生産されたからではなく、…」から494頁（本訳書130頁）「…でき得ないのである。」までが基本的に充てられている。細かな単語の改変（年の表記を含む）を除けば、比較的大きな改変個所は以下のようである。

18）初版444原頁（本訳書86頁）の表には1892年まで載っているが、3版では82年までに削られている。表の上の記述の末もそれにあわせて変更されている。

19）初版445原頁（本訳書87頁）「現実が…」の段落は、3版では、「…1871--73年の高い小麦価格の時期、英国産業は未曾有の繁栄に達する。」で段落が閉じられ、「1877年以降…関係をもたない。」は削除されている。

20）初版455原頁（本訳書96頁）「最新の社会主義者のうちでは、恐慌の

205

原因に関する問題は、カール・カウツキーによって詳細に検討された。」は「現代のマルクス主義のかしら…カウツキーの当該問題に関する見解は相変わらず興味深い。」に変わっている。

21）初版457原頁（本訳書97頁）のハインドマンに関する一文は注とともに削除されている。

22）初版458原頁（本訳書98頁）「〔上で〕叙述された恐慌理論の基本的な考えを我々は完全に正しいと見なそう。」は削除されている。当該段落には、その他細かい修正がある。

23）初版477原頁（本訳書115頁）「最後に、ロシアの著述家のなかでシスモンディ理論の説明の追随者に属すのは、ヴェ・ヴェ氏、ユジャコフ氏、そして恐らく、ニコライ……オン氏である。」の文章から、「ユジャコフ氏、そして恐らく、ニコライ……オン氏」が削除されている。

24）初版477・478原頁（本訳書115頁）「我々の意見によれば、…」の段落、「これに対する理論的反論は前章にあるが、」から次ページ「しかし生産拡大の困難は、」の前までは、きわめて簡潔に「社会的生産物の需要の大きさは社会的所得によっては規定されないことを証明した市場理論の説明はこれに対する理論的反論である。自由競争に基礎付けられた現代国民経済において、生産拡大は、時々遂行できない困難な過程であることには、疑いを得ない。」となっている。

25）初版479原頁（本訳書116頁）表の少し上、「現実に英国の生産がどのように拡大して来たのか見てみよう。」から、480原頁（本訳書117頁）表の下、「労賃は恐慌にいたるまでは…」の直前までは、表も含

めて削除され、「実際、資本制諸国において社会的生産は急速に拡大する。」というの一文を挟んで前後が一つの段落にまとめられている。

26) 480原頁（本訳書118頁）「英国人は、1827年に…」から次ページ同じ段落の末尾「…に拡大している。」までは削除されている。

27) 481原頁（本訳書118頁）「更に、もし労賃…」の段落は丸ごと削除されている。

28) 493原頁（本訳書129頁）ミル批判のある段落の後半、「そのうえさらに、低利潤および低割引率は、決して常に産業恐慌に先行するというわけではない：たとえば、1857年恐慌と1866年恐慌の直前、割引歩合は数年間きわめて高かった。」は削除されている。

付録5
『英国恐慌史論』露語第2版・第3版　序

露語第2版　序

　本書は、我々の時代の経済制度の最も不可解かつ奇妙な現象…今日にいたるまで科学において解明されぬままの…産業恐慌というの現象の研究に捧げられる。どんな力が、商業の活況と停滞、生産の拡大と縮小というこの驚くべき交替を支配しているのだろうか？　何故、昼の後に夜が来るような、そして満ち潮の後に引き潮が続くような不変性を伴って、産業的高揚は絶えず産業的衰退へと向かい、その後新たな高揚へと向かうのだろうか？　どんな基礎上に、資本主義の巨大組織のリズミカルな拍動は起こるのだろうか、その規則的な出現が、社会的ではなく生物学的ないし非有機的秩序を彷彿させる拍動は？

　産業恐慌において資本制経済の最も奥深い矛盾が露見する。資本制世界はそれに特有な法則に従うが、その法則の自然発生的な力は恐慌時に明るみに出る；このことから、産業恐慌は不可解ということにもなる。現代人はその力の作用の前で無力さを感じる、その力は彼ら自身によってつくられたのだが、その力に対する統制を彼らは失っている。

　本書において、読者は産業恐慌の周期的到来解明の試みがなされているのを見いだすであろう。この解明の基礎に私は市場理論を据えた、その一般的概説を私は1894年に読者に供されたこの書の初版で与えておいた[*]。この理論は、初めは何等の注意もひかなかったが、後年、きわめて活発な論争を巻き起こした。全一連の著述家が市場の問題に関する私見を述べた、その際、最新の著述家の若干名が、多少の限定はあれ、私が

述べた理論を受け入れた。市場に関する論争は私見をより確固たるものにしたし、私は、いままで以上に、資本制経済における消費に対する生産の優位の法則の理論のなかに、資本制的発展の全メカニズムの認識の鍵が横たわっているものと確信している。この版においては、私はこの理論の説明をなるべく単純化し、そこから流れ出る一般的社会的結論の輪郭を描くことに努めた。

この版に関して若干のことを述べよう。この版は初版とは大きく異なっている。ほとんど本の3分の2が新たに書きおろされた；残りの部分は書き直されて改変された。以前の版の多くの章が削除された。しかし、こうしたことにもかかわらず、私には、初版で述べた見解をいかなる本質的な点においても変更する必要はなかった。本書は、以前の反復というよりはむしろ同じテーマの新著であるとはいえ、その基本的見解においては以前のものがまったく反復されている。

著者
　S. ペテルブルク
　1900年1月10日

〔復刻版（5版）には2版の序として＊印までしか紹介されていないが、実際は以上のようである。〕

露語第3版　序

　この本の初版は19年前の1894年に出た。読者が体験してきたように、多くの時間が流れた。にもかかわらず本書に対する興味は消滅しはしなかった：つい最近本書の仏語訳本が出版され、そして英語訳本の準備がなされている。1900年に出た独語版は論争を起こし続けている。最近出たローザ・ルクセンブルグの『資本蓄積論』Die Akkumulation des Kapitals のなかで、私の市場理論と恐慌論は鋭い論争的攻撃を経験した。1年前にでた A. A. イサエフの『国民経済における恐慌』は主に私の見解に対する反論に捧げられている。他方、一連の西欧の科学者が、丸々ないし大なり小なりの限度内で、私の結論を受け入れた。産業恐慌にささげられた最も幅広い最新の労作の著者、ジャン・レスキュール教授は、私の本を「現時のすべての経済文献中で最も独創的かつ最も重要な労作」と呼び、シュピートホフ教授、ポール、オイレンブルク、シュモラーといったドイツで周知のエコノミストを、私の追随者と見なしている（参照：ジャン・レスキュール、『全般的周期的産業恐慌』エヌ・スビロフ〔による〕フランス語からの翻訳。1908年、2‐3頁）。私の恐慌論にもとづいて、エミール・ブレジガー博士は、『ドイツにおける今日済恐慌の前兆』Die Vorboten einer Wirtschaftskrise in Deutschland（1913）という興味深い著書のなかで、恐慌の接近の徴候を確立しようと試みている。

　こういった次第で、私の本は、生命を保ち続けており、支持者にも反対者にも出会って論争をもたらし、したがって、有効性を保っている。

　本書が初めて大衆の目に触れたときから、本書の出現に関連した多くの印刷された批評、論文、いずれにせよ関連したその他の労作が表れたばかりではなく、より重要なことには、多くの新しい事実が蓄積された。2つの新たな産業循環が経過し、2つの周期的世界恐慌が繰り返された。

新しい事実は、新しい意見にまして、科学的理論にとっての最も強力な試金石である。

さて、諸事実と専門家の人々の批評による多年にわたる十字砲火的テストを受けた後であってみれば、私は、私の比較考慮の正確さへの確信は、単にぐらつかなかったばかりではなく、むしろかなり強くなったと、正直に表明することができる。むしろ今まで以上に、私は産業恐慌の法則性と周期性に確信をいだいている。すべての認められた反駁不能な論拠からの唯一可能な結論であると思われるところの、私の市場理論はどうすれば拒絶されうるのか、私には相変わらずそれは不可能なことであるように思われる。私の反対者は本書の逆説性を指摘して、逆説性への偏執をもって私を責める。私は自身こうした罪を犯しているとは思わない；もしも私の理論が逆説性を示すなら、私の眼からは、それはただ、理論への反映を見いだした生きた現実自身の不合理さの必然的なの帰結にすぎないように見える。

政治経済学が悩んでいるのは逆説性ではなく、平凡さ、月並みさの過剰である。ここに、たとえこの非難が私を不合理とする慇懃な形態の告発からはほど遠いとしても、なぜ私が逆説性の非難を最高の賞賛として受け入れるかという理由がある。これらすべてによって、私の比較考慮の月並みならざることが強調される。つまり、それらは、いずれにせよ、月並みではないのである。

私は、私の理論について人々の意見ではなく、事実をもってテストするほうにはるかにより高い価値を与える。1898年の初めに出た私の本『ロシアの工場』で、私は、私たちが産業恐慌に接近していること（初版の325頁参照）を述べた。そして実際1899年の終わりに、非常に鋭い形態で恐慌は起きた。1900年に出た『産業恐慌』の独語版で、私はドイツが産業恐慌に接近していることを強調した。1901年に恐慌が生じ、ドイツ語の出版物の大きな注目を浴びた。同様に私により正確にアメリカの1907年恐慌が予想された（私の『政治経済学講義』の346頁参照）。

2年以上前に新聞『レーチ』で私は、目下資本主義世界によって謳歌されている産業的高揚は1914-1916年の間に予想される恐慌によって終わるであろうという信念を表明することになった。とはいえ、もちろん、その種の問題での正確な予想など実現不可能である。「恐慌の到来は、より早くも、よりおそくも　─　私は書いた　─　可能である；大戦が恐慌を著しく早めうるし、ささいな戦争あるいは凶作が産業的高揚のテンポを緩めるかもしれず、そうした仕方で、恐慌の到来時期は遠ざけられるかもしれない。」(『レーチ』1913年年報、89頁)。バルカン戦争はヨーロッパ金融市場に深い影響を与えた；このことを考慮して私は1913年5月に『レーチ』に意見を述べた：恐慌のより早い到来が予見される、すなわち：1913年の10月ないし11月にも、と。近い将来、私が正しかったかどうかは明らかとなろう。

　とはいえ、もし恐慌なしで1913年が過ぎ去り（そうしたことは、もちろん、可能である）、恐慌が1914年ないし1915年に起きるとしても、それでも私は、私の予想は的中し、私の理論は新たな事実の裏づけを受け取ると見なすだろう。何故なら、恐慌は　─　天体現象ではないし恐慌の周期性も数学的意味で理解されるべきではないからである。産業循環は、その理論と説明を私はこの本で与えているわけだが、支配的な経済体制─資本主義─の経済条件に固有である、そして社会領域の現象であるので、一定の限界内で短くなることもあれば長くなることもありうる。これらの限界の存在は恐慌の周期性について語ることを可能にする。

　本書で展開されている恐慌論は、如何なる要因が産業循環の継続を拡張したり縮小したりするのかを明らかにし、他方同様に、循環それ自体の推進力も暴きだす。それ故、たとえばブレジガーがなしたように、理論と呼ばれるものに基づいて、産業恐慌の接近の前兆を公式化するといったことは、難しいことではない。このようにして、理論は大きな実践的意義を獲得する：理論はきわめて重要な経済部門における予測の可能性を与える。

付録 5

　西欧にはすでに類似の予報のために統計資料の処理に携わる特殊な公的機関がある。たとえば、パリでは1912年に、政府のイニシアティブで、「産業恐慌を予期するための常設委員会」が設立された。同種のあれこれのものが他の国々にもある。

　手元の文献にある資料に基づいて判断する限り、すべての同様な機関は、同種の私的な試みと同様、この本で展開されているものにきわめて近似した理論的見解に立脚している。

　一般に、私が本書の初版に努力して入れたものの多くが、今では経済的な考えの共有財産になった。たとえば、穀物価格では断然なく、鉄の価格こそが産業循環の諸局面の最も重要な指標であることを知らない人がどこにいよう。これに関してはほとんどの取引所報告が述べており、今や実践的に取引所に接しているすべての人がそのことを確信している。

　けれども私が19年前にその命題を引っさげて登場したとき、このテーゼは単に周知のものでなかっただけではなく、逆説として迎えられたのであった。私は、何十年にもわたる英国における鉄価格の動きを検討し、純粋に帰納的方法によってそれを立証した。

　本書の第3版は第2版に比較してかなり拡張されている。一方、私は新たな事実の記述で本書を補充した…第2版のときから2つの世界恐慌が起きた：1901年と1907‐1908年ということを述べれば十分である…。他方、私は本書の理論の一部分を拡充し書き改めた。とはいえ、その基本的部分は何等の修正理由が見当たらなかったが故に、手つかずのままである。

　サンクトペテルブルグにて

1913年10月6日

付録 6
『英国恐慌史論』各版構成
露語2版 〔2部構成である〕

第1部　恐慌の理論と歴史

　第1章　資本制経済における恐慌の主要原因

　　現代経済における市場の重要性。… 　物々交換。… 　生産物の全般的過
　　剰生産の不可能性。… 　貨幣経済。… 　全般的な商品の過剰生産の可能
　　性。… 　市場。… 　単純商品生産。… 　消費による生産の規制。… 　資
　　本制生産。… 　生産と消費の関係の性格変化。…生産の比例的配分の法
　　則。…資本の単純再生産。…資本の蓄積。… 　信用。… 　資本制生産の
　　2つの基本矛盾。… 　両矛盾への恐慌の従属。… 　恐慌の必然性。…
　　外国貿易

　第2章　19世紀の第2四半期以来の英国産業の発展に関する概説

　第3章　19世紀の第2四半期の恐慌

　第4章　50年代60年代の恐慌

　第5章　近時の周期的産業循環

　第6章　周期的恐慌の諸原因

　　この周期性の性格。…ジェヴォンズの見解の誤り。… 　鉄価格変動の規
　　則性。… 　固定資本の周期的作製。… 　鉄道建設。… 　不動産投機。…
　　　ヘンリー・ジョージの理論。… 　間断なき自由貨幣資本と生産資本の
　　蓄積。… 　恐慌と低い割引率との関係。… 　生産の不断の拡大の不可能
　　性。… 　株式恐慌。… 　信用循環。… 　外国貿易。… 　その英国恐慌へ
　　の影響

第2部　恐慌の社会的影響

第1章　産業循環の国民生活への影響

第2章　チャーチズム

第3章　綿業恐慌

第4章　失業者の最新の動き

総括　資本主義の必然的な同伴者としての失業者

独語版 〔2部構成である〕

第1部　恐慌の理論と歴史

　第1章　資本制経済における恐慌の主要原因

　　現代経済〔救仁郷訳では「現代経済秩序」〕における市場の重要性。…
　　　物々交換。…　物々交換下での生産物の全般的過剰生産の不可能性。
　　…　貨幣の媒介による交換。…　全般的な商品の過剰生産の可能性。…
　　市場。…　単純商品生産。…　消費による生産の規制。…　資本制生
　　産。…　生産と消費の関係の欠陥。…　生産の比例的配分の法則〔救仁
　　郷訳では「不比例的」〕。…　資本の単純再生産。…　資本の蓄積。…
　　信用。…　資本制生産の2つの基本矛盾。…　両矛盾への恐慌の従属。
　　…　恐慌の必然性。…　外国貿易

　第2章　19世紀の第2四半期以来の英国産業の発展に関する概説

　第3章　19世紀の第2四半期の恐慌

　第4章　50年代60年代の恐慌

　第5章　近時の周期的産業循環

　第6章　大衆の過小消費からの恐慌の説明

　第7章　マルクスの恐慌論

　第8章　周期的恐慌の諸原因

　　この周期性の一般的性格。…　産業循環。…　鉄価格変動の規則性。…
　　　固定資本の周期的作製。…　鉄道建設。…　不動産投機。…　ヘンリ
　　ー・ジョージの理論。…　間断なき自由貸付け資本の蓄積。…　貸付け
　　資本の蓄積と生産資本の蓄積の相違。…　恐慌と低割引率との関係。…
　　　貸付け資本の生産資本への転化の不可能性。…　株式恐慌。…　信用
　　循環。…　産業循環の諸局面の原因。…　外国貿易

付録 6

第 2 部　恐慌の社会的影響

　第 1 章　産業循環の国民生活への影響

　第 2 章　チャーチズム

　第 3 章　綿業恐慌

　第 4 章　失業者の最新の動き

　総括　資本主義の必然的な同伴者としての失業者

仏語版 〔3部構成…鍵本訳を借用〕

第1部　恐慌の歴史

第1章　19世紀の第2四半期以降における英国産業発達の概観

第2章　1825年より1850年に至までの諸恐慌

第3章　1850年より1870年に至までの諸恐慌

第4章　19世紀末数十年間における周期的産業変動

第5章　最近10年間における英国産業の周期的変動

第2部　恐慌の理論

第1章　販路の理論

Ⅰ　社会的資本の流通

　資本が表示する各種の形式〔形態〕：商品、貨幣、生産。…販路の問題。

Ⅱ　古典的販路理論

　セイの見解。…社会的生産の価値の社会的所得の諸要素への分解に関するスミスの命題。…資本の蓄積に関するスミスおよびリカードの理論

Ⅲ　シスモンディの販路理論

　生産過程。…外国市場。…マルクスおよびその一派の見解。…シスモンディの理論の長所と短所。

Ⅳ　販路の問題の解決

　社会経済全体を研究する方法、ケネー、マルクス。…社会的資本の再生産の表式。…資本の蓄積。…資本主義的生産の矛盾。…資本主義の桎梏。

Ⅴ　事実によるこの理論の立証

　消費物品生産に従事する人口の減少。…資本主義諸国における国内および外国市場。

VI資本の国際的移動及新資本主義国における市場

資本の国際間移動の原因。…新資本主義諸国におけるより有利な条件

第2章　各種の恐慌理論

恐慌理論の三群、1、生産の理論（ジェボンス）…2、交換の理論（ラ
ヴレー、ジュグラー）…3、分配の理論（シスモンディ、ロドベルツス）

第3章　産業循環及恐慌の周期性の説明

この周期性の一般的性格。…　産業循環。…　鉄価格変動の規則性。…
新固定資本の周期的造出。…　鉄道の建設。…　不動産投機。…　ヘン
リー・ジョージの理論。…　自由貸付け資本の不断の蓄積。…　貸付け
資本の蓄積と生産資本の蓄積の相違。…　恐慌及利率低下。…　貸付け
資本の生産資本への絶えざる転化の不可能性。…　金融恐慌。…　信用
循環。…　産業循環期の原因。…　外国貿易

第3部　産業恐慌の社会的影響

第1章　産業循環が国民生活に及ぼす影響

第2章　1825年より1850年に至までの労働者大衆の失業および革命運動

第3章　棉花飢饉

第4章　1870…1900年にお於ける失業および革命運動

第5章　現代失業の一般的性質

露語 3 版

〔第Ⅰ部には章の題目を欠き、細目次だけのものがある。3部構成〕

第Ⅰ部　恐慌の歴史

　第Ⅰ章

　第Ⅱ章

　第Ⅲ章　第2四半期の恐慌

　第Ⅳ章

　第Ⅴ章　50年代および60年代の恐慌

　第Ⅵ章

　第Ⅶ章　19世紀の最後の10年における周期的産業変動

　第Ⅷ章　最近における英産業の周期的変動

第Ⅱ部　恐慌理論　市場理論[*]

　第Ⅰ章　社会的資本の循環

　　商品資本、貨幣資本、生産資本の諸形態。… 市場理論。

　第Ⅱ章　古典学派の市場理論

　　セイ。… 全般的過剰生産の不可能性。… マルサスとの論争。… リ
　　カード。… 資本蓄積の学説。… J. S. ミル。… セイと彼の学派の弱
　　点。

　第Ⅲ章　マルサス‐シスモンディおよびマルクス学派の市場理論

　　マルサス。… 彼のセイとの論争。… チャーマズ。… モファット。
　　…シスモンディ。… 余剰生産物の発生。… 余剰生産物の収まり場所
　　としての国外市場。… 市場問題に対するエンゲルスの見解。… マル
　　クス。… 彼の学派。… 修正主義者。… 他流派の経済学者。… ロ
　　シア・ナロードニキの市場理論。

　第Ⅳ章　市場問題の解決

ケネー経済表における問題の設定。…　マルクスの表式。…　社会的資本の単純再生産〔「同一規模での社会的資本の再現」〕。…　社会的資本の拡大再生産〔「拡大された規模での社会的資本の再現」〕。…　資本制生産のフェテシズム。…　資本主義のパラドクス。…　資本主義の伸縮〔直訳は「弾性包帯」だが、こう訳しておく〕。…　市場理論の事実による立証

第Ⅴ章　恐慌理論

　生産の理論…セイ、リカード、ウィルソン、バジョット、ジェヴォンズ、エンゲルス、カウツキー。…交換の理論…ラヴェル、ジュグラー、ミルズ。…分配の理論…シスモンディ、デューリング、ヘルクナー、ロードベルトゥス、ミル、ジョージ。

第Ⅵ章　恐慌の周期性の諸原因

　この周期性の性格。…　ジェヴォンズの誤った見解。…　産業循環。…　鉄価格変動の規則性。…　固定資本の周期的制作。…　鉄道建設。…　不動産投機。…　ヘンリー・ジョージの理論。…　自由貨幣資本の蓄積の連続性。…　貨幣資本の蓄積と生産資本の蓄積の相違。…　恐慌と低割引率との関係。…　連続的な生産拡大の不可能性。…　株式恐慌。…　信用循環。…　産業循環の諸局面の原因。…　外国貿易。…それの英国恐慌への影響

第Ⅲ部　恐慌の社会的意義

　第Ⅰ章　産業循環の国民経済への影響

　第Ⅱ章　チャーチズム

　第Ⅲ章　綿花飢饉

　第Ⅳ章　失業者の最新の運動

　第Ⅴ章　総　括

　〔＊目次において、後者は細目次と同じ大きさ…前者の半分くらい…の斜体の活字で、前者の真下に存在する。本文中では、第2部の扉の表題が前者、扉

の裏が白紙の頁で、次の頁から始まる第1章の表題の上に後者がある。〕

解　説

（1）

　トゥガン＝バラノフスキーは、1865年1月、当時のロシア帝国、現在のウクライナのハリキウ（露語ではハリコフ）の近郊で生まれた。一度、ハリキウ大学の物理・数学学部を卒業（1888年）、その後、同大法経学部で再度学んでいる。在学中、学生デモ参加のかどで逮捕されているし、レーニンの兄（ナロードニキであり、後に刑死）と知り合いであったとも言われている。

　1892年、英国に学び、1894年それを踏まえて本書『英国恐慌史論』（初版）がなったことは、「序」にある通りである。そしてこの『英国恐慌史論』（初版）の出版でモスクワ大学から修士号を取得、1895年には、サンクトペテルブルク大学の非常勤講師の職を得ている。

　しかし同時期、周知のように、トゥガンはストゥルーヴェとともに自由経済協会に加わり、マルクス学説の普及に努める等、いわゆる「合法マルクス主義」者として活動しており、それもあってか1899年に「自由主義思想」のかどで免職されている。前年出版の『ロシアの工場』でモスクワ大学から博士号を得ている。

　その後、彼は一時ゼムストヴォ（地方自治会と訳されることが多いが、農村の自治機関である）で働いていたようであるが、1905年、再度サンクトペテルブルク大学で非常勤講師の職を得ている。また、同時に、他の大学（専門学校）の教授も務めている。

20世紀に入ってからのトゥガンは、マルクス主義から離れ、新カント派的になってゆく。科学には論証がつきものだが、その点、新カント派が勝るということなのであろうか。

ロシアで2月革命が起きた1917年の夏、彼はウクライナに戻る。ロシア帝国の枠がはずれ、新たな可能性が開かれたからであろう。中央ラーダ政府（第3次宣言以降はウクライナ人民共和国、後、ボリシェビキにより暴力的に滅ぼされる）で短期間だが財務大臣を努めるなどした後、協同組合運動に献身した。ゼムストヴォでの活動が基盤になっているものと思われる。ミール共同体（ナロードニキ、マルクス）でもなく、「労働者階級」（レーニン＝ボルシェビキ）でもなく、協同組合に理想を求めたところに、トゥガンの最後の意地を見るような気がするのは、一人私だけであろうか？

1919年1月、パリへの移動中、オデッサ近郊を走行中の列車内で心臓発作を起こし急逝した。

【主要著作】

・『英国恐慌史論』初版　1894年　サンクトペテルブルク、2版　1900年　サンクトペテルブルク、独語版　1901年　イェナ（邦訳）、仏語版　1913年　パリ（邦訳）、3版　1914年　サンクトペテルブルク、4版　1923年　ペトログラード、5版　1997年　モスクワ。…原題等は付録参照のこと

・Русская фабрика в прошлом и настоящем.『ロシアの工場』1898年　サンクトペテルブルク、7版（1938年、モスクワ）まである…復刊（Mocba《NAYKA》, 1997）…独語版　Geschichte der russischen Fabrik, Berlin 1900・英語版1970

解　説

- Очерки из новейшей истории политической экономии『最新政治経済学説史』1903年　サンクトペテルブルク…2版以降 Очерки из новейшей истории политической экономии и социализма『最新政治経済学説及び社会主義史』と改名、7版（1919年　ハリコフ）まである　…復刊 Экономические очерки『政治経済学概論』（1998　モスクワ　РОССПЭН）所収

- Теоретические основы марксизма『マルクス主義の理論的基礎』1905　サンクトペテルブルク…邦訳　安倍浩訳『唯物史観と剰余価値』（1922年、天佑社）・同『近世社会主義』（1923年、而立社）第二部、高畠素之訳述『唯物史観の改造』（1923年、新潮社）…独語版 Theoretische Grundlagen des Marxismus, Leipzig 1905 …復刊（2003　モスクワ　УРСС）

- Современный социализм в своем историческом развитии『現代社会主義…その史的発展』1906　サンクトペテルブルク、4版（1918　モスクワ）まである…邦訳　安倍浩訳『近世社会主義』（同前）…独語版　Der moderne Sozialismus in seiner geschichtlichen Entwicklung, Dresden 1908、英語版　Modern Socialism in Its Historical Development, London 1910…リプリント版…

- Основы политической экономии 『政治経済学基礎』1909　サンクトペテルブルク、5版（1918　ペトログラード）まである…復刊（1998　モスクワ　РОССПЭН）

- В поисках нового мира 『新世界の探求』1913　サンクトペテルブルク、本書は、目次だけを見る限り、独語版の Die kommunischen Gemeinwesen der Neuzeit の最後の章を欠いたもののように見える、また先の『現代社会主義』とも部分的に

225

重なる…リプリント版（2013　モスクワ）

・Социальная теория распределения
『分配の社会理論』共著　1913　サンクトペテルブルク…独語版 Soziale
Theorie der Verteilung; Berlin 1913…復刊（РЭМ双書、2007　モスクワ）

・Социальные основы кооперации（1916）
『協同の社会的基礎』1916　モスクワ、4版（1922　モスクワ）まである
…復刊
Михаил Иванович Туган-Барановский『ミハイル　イワノビッチ　トゥ
ガン-バラノフスキー』（Боом、2010　モスクワ　РОССПЭН）所収

・Бумажные деньги и металл
『紙幣と貨幣』1917　ペトログラード、2版（1919　オデッサ）まである
　…復刊　Экономические очерки『政治経済学概論』（1998 モスクワ
РОССПЭН）所収

・Социализм как положительное учение
『積極理論としての社会主義』1918　ペトログラード…復刊 К лучшему
будущеьу『より良き未来のために』（1996　モスクワ　РОССПЭН）所収

なお、先の『政治経済学概論』487頁以下には、詳細な著作・論文目録が
存在する。
また、『ミハイル・イワノビッチ　トゥガン-バラノフスキー』にはいくつ
かの興味深い単発論文も収録されている。

（2）
トゥガンの魅力は、まず第一に、恐慌の現実（歴史）に関する豊富な知識

に、第二に、恐慌諸理論に関する豊富な知識に、第三に、資本制生産の本質次元からの恐慌論の構築に求められよう。

数学のような純粋抽象理論は別として、社会科学の一分野としての経済学においては、理論に事実（歴史）認識が先行することはいうまでもない。だが、そうはいうものの、一体どれだけの人が…特に理論家を自認する人が…恐慌の事実（歴史）を踏まえて理論を構築して来たであろうか？ その点、トゥガンでは恐慌の事実（歴史）認識と理論が表裏一体となっており、一つの理想が実現されているといってよい。

恐慌理論史（学説史）という面でも、読まなければならない古典は少なくないし、読んでみたいものも加えれば、その数はさらに多くなる。本書の翻訳でも痛感したが、トゥガンの引用文献の多さ、その多国籍さには感服せざるを得ない。彼はウクライナ人である。地政学的に、露語と独語に堪能なことは理解できるし、文化史的に仏語もできるであろうことは想像できる。加えて英語もできるようであり、彼の縦横無尽の引用はうらやましい限りである。彼のように一人で何ヵ国語もできれば問題はないのであるが、なかなかそうはいかない。そこで、得意言語ごとの分業ということになるが、我が国では、明治以降の文教政策の名残なのか、伝統的に独高仏低である。セイやシスモンディの文献は、一部邦訳はあるものの数は限られるし、問題点もないわけではない。独語の文献にしても、正統と目されるものには全集もあるが、デューリングなど邦訳のないもの、カウツキーのように、時とともに訳書を見かけなくなってきたものもある。露語は、レーニンを除けばもともと邦訳文献が少ない。さらに、いわゆる「ロシア革命」の前に原書が入ってきていればよいが、「革命」後になると、正統派以外の文献は、完全にとはいわないまでも、ほとんど入ってこなくなる。原書の入手も困難という最悪の事態である。そうした現状を認めつつ、問いたいのは先と同じことである。一体どれだけの人が…特に理論家を自認する人が…恐慌理論史（学説史）を踏まえて理論を構築してきたであろうか？ トゥガンの恐慌論は恐慌理論史（学説史）という土台に支えられていることを見落としてはならない。

さて、トゥガンといえば不比例説の代表というのが通り相場である。私には、ここから2つの誤解が発生するように思われる。

　その一。古典派恐慌論論争において不比例説を唱えた代表はリカードで、彼は、周知のように、偶然要因による不比例から恐慌を説明した。そこから不比例説には資本弁護論という暗黙のレッテルがどうしてもつきまとってきたように思われる。また彼に対してはレーニンの口汚い漫罵があり、スターリン時代の「経済学のレーニン的段階」なる政治キャンペーンもある。そうしたものもあってであろう、「トゥガン → 不比例説 → 資本弁護論」はありがちな図式ではあるが、トゥガンを読めばわかる通り、彼は資本制生産に矛盾を認め、基本矛盾や所謂「内在矛盾」から恐慌を説明するのであって、資本弁護論者では決してない。さらに言えば、彼の恐慌論は、矛盾指摘で終わるありがちなそれではなく、そのうえに産業循環の機構の彼なりの説明を有する産業循環論なのである。

　誤解その二。不比例説と対立していたのは過小消費説であったが、トゥガンは後者をばっさり切り捨てる。その際、消費を削減しても表式展開が可能だと主張したわけで（本書195頁以下の表式）、それは確かなことである。そこだけがクローズアップされて、彼の「消費」の位置づけはそんなものだと思われているのだが、それは誤りである。もう一つ、彼には立派な消費の位置づけがある。それは、「制限された消費」は「生産の無制限的発展」を保証するもので、両者は事実上同義というものである。これは傾聴に値する説であるように思われる（これまでは残念なことにレーニンの説と思われていた）。つまり、トゥガンの恐慌論は巷間思われているように、資本弁護論としての不比例説ではなく、資本の矛盾から恐慌を説明しようという試みであり、さらに、そうしたものにありがちな単なる矛盾指摘論ではなく、産業循環の機構解明を含むものなのである。また、彼の「制限された消費」の解釈も説得的であるように思われる。

　ではトゥガン＝バラノフスキーに問題はないのかといえば、そうではない。恐慌理論史の見方、マルクス恐慌論の見方、だからまたマルクス再生産論の

見方、そして、弟子のコンドラチェフを引くまでもなく、自由資本を軸にした産業循環論の整理の仕方、どれを取っても、異論の残らないものはない。だが、社会科学ではおそらくそれは仕方のないことなのだと思われる。マルクス・エンゲルスを踏まえつつも、それを絶対化することなく限度を踏まえ、自分なりの産業循環論を構築して見せてくれたところに、そして、資本主義崩壊論に固執するカウツキーおよび一部修正派とは袂を分かち、あくまでも現実の観察から離れずに理論を構築ていったところに、トゥガン=バラノフスキーの偉大さが、だから我々が学ぶべきところが、あるように思われる。

（3）
表式の見方
　トゥガン・バラノフスキーの表式は、マルクスの再生産表式に馴れていないと、わかりづらい。そうした読者のために、ここで、表式の見方について補足しておく。表式1（51頁）を例にとる。
　横に見て、まとまりは3つある。真ん中がいわゆる表式であり、左右は一種の補足ないし解説である。こうした構成は露語初版特有のもので、煩雑で見にくい観が否めない。

表式 No. 1
同一規模での資本の再生産

1年間に支出された不変資本 （200＋100＋100）＝400 1年間に支出された労賃 （100＋50＋50）＝200 もし年1人当たり労賃＝1であれば、 全部で200人の労働者が従事 全資本（不変資本＋労賃）は 400＋200＝600	200不＋100労＋100利＝400 不変資本の生産 100不＋50労＋50利＝200 必需品の生産 100不＋50労＋50利＝200	1年の終わりに生産された全生産物 （400＋200＋200）＝800 1年の終わりの利潤 （100＋50＋50）＝200 あるいは 800-600＝200 全回転資本の33 1/3%を構成 （200×100÷600＝33 1/3）

まず、トゥガン＝バラノフスキーは全社会の生産部門を３つに分ける。

１）生産手段生産部門

２）必需品生産部門

３）奢侈品生産部門

その結果、それぞれが１年間に生産した商品総体は中央のまとまりの３本の式となる。それぞれ、等式右辺の数値に等しい価値だけ生産されたということである。

また、彼は生産物の価値を３つに分ける。

不変資本分（原材料・機械の摩損分等）、労賃相当分、利潤相当分。個別の商品に妥当する事は、各部門の商品の総和にも妥当する。その結果、先の３本の式の左辺は３項に分かれることになる。数字はトゥガン＝バラノフスキーのたてた前提通りの比に分かれている。

左のまとまりの解説に関して、

「１年間に支出された不変資本」とは、先の３部門に支出された不変資本の合計である。中央のまとまりの３本の式にある不変資本部分、上から200、100、100を足せば400となるということである。「１年間に支出された労賃」も同様で、先の３本の式の第２項目＝労賃を上から足せば200になるということである。生産のために支出された資本の合計は600となる。

以上が前提となり、生産が始まり、新たな価値が付け加わり、中央の式になると考える事ができる。

右のまとまりの解説に関して、

「１年の終わりに生産された全生産物」とは、先の３本の式の等号の右辺の和である。不変資本分（原材料・機械の摩損分等）＋労賃相当分で生産が始まり、結果として利潤を含む中央の式となる。何故そうなるのかは、論者によって違いがある。マルクスは、不変資本部分の価値はただ移転するだけとし、それにプラスして労働力の消費により新たな価値が生まれるとする。上から足して800となる。各式左辺の第３項目の利潤は、生産が行われた結果生み出されたもの（あるいは付け加えられたもの）である。その合計は、

解　説

上から足して、200としてもよいし、生産された商品価値から支出された資本価値を引いてもよい。

　相互の転態については本文中に記載があるが、マルクスの表式に馴れていないと書かれていることの意味を摑むのに苦労する。さらに、ブルガコフの批判は半分当たっていて、トゥガン・バラノフスキーの説明は、ある意味マルクスの表式に馴れた読者向けとしか思えない。そこで、蛇足ながら、若干の解説を加える。

　先の３分野での商品は、いずれの分野にせよ販売される必要がある。同時に先の３分野の資本家は、まず生産的に消費された不変資本を補塡する必要があり、労働者は必需品を確保する必要があり、さらに資本家は自己の消費物品＝奢侈品を確保する必要がある。第１部門内で生産的に消費された200不は自部門内で転態される（200不）。第２部門内で生産的に消費された100不はどうか？　これは、これは第１部門の100労と交換されると見なしうる。第１部門の労働者は100の労賃を受け取るがこれで第２部門の商品100を購買する。第２部門の資本家は、この100で生産的に消費された不変資本100を補塡するということである。第３部門内で生産的に消費された100不も同様である。第１部門の資本家は自己の消費用に第３部門から100の奢侈品を購買する。第３部門の資本家はその100で第１部門の100利を購入し、生産的に消費された不変資本を補塡する。残るは第２部門の50労と50利、第３部門の50労と50利である。もうおわかりと思われるが、第２部門の50労、第３部門の50利は各々自部門内で転態され、第２部門の50利、第３部門の50労が交換されると見なしうるということである。

　こうした関係を販路説的に理解してよいのか否かが最大の問題である。

　トゥガン・バラノフスキーは、マルクスの投下労働価値説を踏襲していないのだから、「不変資本」というタームの使用は本来はおかしいが、他に適当な用語がなかったためかと思われる。

　表式 No. 2 の拡大再生産になると、表式が煩雑になるが、左のまとまりは生産の前提としての資本支出であり、それが中央のまとまりの３本の式の左

231

辺の第1・2項に対応しているということ、また、右のまとまりは生産の結
果であり、それが中央のまとまりの3本の式のに対応しているということ、
この2つのことに注意すれば、理解に支障はないものと思われる。約数・倍
数関係に留意して事前にうまい数字を選ばないと、特に素数での割り算が絡
む場合、計算結果が整数では収まりきれず、煩雑になってしまう。トゥガン・
バラノフスキーの初版の表式の煩雑さにはそうしたことも関係しているもの
と思われる。

解　説

本訳書で使用した原書等は以下の通りである。

М. И. Туган-Барановский

　露書については一部露語の下に正式名称を付しておいた。なお、ここでは術がないので今風に記しておくが、露語版『英国恐慌史論』は第3版までは、旧字・旧綴りである。

『英国恐慌史論』露語初版

Промышленные кризисы в современной Англии, их причины и влияние на народную жизнь. СПб. 1894.

『現代英国に於ける産業恐慌、その原因と国民生活への影響』

『英国恐慌史論』露語2版…頁付けは復刻版のもの（Экономическая библиотека）

Промышленные кризисы. Очерк из социальной истории Англии.‐СПб. 1900.

『産業恐慌　英国社会史からの概説』

＊恐らく原書をそのまま復刻したもののようで、書誌的な記載を欠く。当時の（と思われる）宣伝広告もそのまま載っている。

『英国恐慌史論』露語3版

Периодические промышленные кризисы. История английских кризисов. Общая теория кризисов.‐СПб. 1914.

『周期的産業恐慌　英国恐慌の歴史　恐慌の一般理論』

『英国恐慌史論』露語4版

Периодические промышленные кризисы. История английских кризисов.

Общая теория кризисов. ‐ Пг. 1923.

＊著者の死後のもの。今回初めて調べてみたが、新字・新綴りに組み直して
ある。当然にも「序」には3版のものが使われている。本文中、一部敬称が
削除されているほかは、3版と変わりがないように見える。

『英国恐慌史論』露語5版復刻版（Памятники экономической мысли）
Периодические промышленные кризисы. История английских кризисов.
Общая теория кризисов. — М. 1997.

『英国恐慌史論』独語版…頁付けは極東リプリント版（1969）のもの
Studien zur Theorie und Geschichte der Handelskrisen in England, Jena
1901
救仁郷訳『英国恐慌史論』ぺりかん社、1972年

『英国恐慌史論』仏語版
Les Crises industrielles en Angleterre. ‐ Paris, 1913.
鍵本博訳『英国恐慌史論』日本評論社、1931年

『マルクス主義の理論的基礎』露語3版…頁付けは復刻版のもの（УРСС[*]）
Теоретические основы марксизма. СПб. 1906.

　＊復刻版も旧字・旧綴り、ただし頁付けは本来の露語3版とは一致していない。

『マルクス主義の理論的基礎』独語初版
Theoretische Grundlagen des Marxismus. Leipzig 1905
高畠素之訳述『唯物史観の改造』新潮社、1925

『政治経済学基礎』〔『経済学原理』でもよいのだが、こう訳しておく〕
Основы политической экономии.

解　説

С. Н. Булгаков

　『資本制生産下の市場について』・・・頁付けは復刻版（Астрель Москва, 2006）のもの

О рынках при капиталистическом производстве. М. 1897.

復刻版には、表題のもののほか、『政治経済学概説』Краткий очерк полити ческой экономии、『農業について』О земледелии、さらに付録として、トゥガン等の諸論文が収録されている。

訳者あとがき

　まだペレストロイカの以前だったと思うが、私が大学院生時代に「恐慌理論史におけるトゥガンとレーニン」なる一文をものしたところ、反響は意外なものであった。普通、抜き刷りに対する返答は儀礼的なものが多いものだが、賛否入り混じってさまざまなご意見をいただいた。レーニンの権威が失墜していなかったせいか、否定的な評価も少なくなかったように記憶している。だが、そうしたなかに、励ましのお手紙と露語初版のマイクロフィルムをお送りくださった方がいらした。田中真晴先生である。図書館でマイクロフィルムから紙に落とし、必要箇所にざっと目を通したことはいうまでもない。さまざまな思いが去来したが、思いを公表することは差し控えた。おそらく、怠惰がそうさせたためであったろう。

　その後、興味は恐慌論から日露の比較近代化論へと移り、長い時間が過ぎてしまった。田中先生には本当に申し訳ない思いでいっぱいである。にもかかわらず本訳書の出版を快諾されたご遺族の悦子様にはあらためて感謝する次第である。

　ソ連崩壊後、さまざまな文献が出てきたことは、学問の裾野に連なる者にとって喜ばしいことである。「ロシア資本主義論争」の片翼であるナロードニキ系のものも徐々にではあるが見ることができるようになってきつつある。「論争」の全体像が明らかになる日もそう遠くはないことであろう。

　また、ロシア・ソヴェト史に関してもさまざまな資料・史料が明らかになってきている。史実が明らかになり、今後新たなロシア・ソヴェト

史像が描かれる日もまたそう遠くはないことであろう。学問が真理の追究のためにあるとすれば、これほど喜ばしいことはない。

　最後になったが、時潮社の相良景行氏と阿部進氏にはたいへん御世話になった。記して感謝する次第である。

【著者紹介】

ミハイル・イワノヴィッチ・トゥガン=バラノフスキー（1865-1919）

　ウクライナの誇る経済学者。経済学博士。産業循環論では世界的権威の一人。初期にはマルクスの影響が色濃いが、徐々に新カント主義的になる。所謂「ロシア革命」後、反ボルシェビキのラーダ政権（ウクライナ）で短期間ながら財務大臣を務めた。協同運動の推進者でもある。

【訳者略歴】

三浦　道行（みうら・みちゆき）
　　　1953年　北海道函館市生まれ
　　　1971年　茨城県立土浦第一高校卒
　　　1975年　早稲田大学政治経済学部政治学科卒
　　　1978年　法政大学大学院社会科学研究科経済学専攻修士課程終了
　　　1983年　同　博士後期課程退学
　　　以後　法政大学兼任講師・千葉商科大学兼任講師等歴任

露語初版『英国恐慌史論』理論編

2019年6月10日　第1版第1刷　　定価＝3,500円＋税

　　　著　者　ミハイル・イワノヴィッチ・トゥガン=
　　　　　　　バラノフスキー

　　　訳　者　三　浦　道　行　Ⓒ

　　　発行人　相　良　景　行

　　　発行所　㈲　時　潮　社

　　　　〒174-0063　東京都板橋区前野町4-62-15
　　　　電　　話　03-5915-9046
　　　　Ｆ　Ａ　Ｘ　03-5970-4030
　　　　郵便振替　00190-7-741179　時潮社
　　　　Ｕ　Ｒ　Ｌ　http://www.jichosha.jp

　　　印刷・相良整版印刷　製本・仲佐製本

乱丁本・落丁本はお取り替えします。
ISBN978-4-7888-0734-1

Пакопленіе капитала при н

...есь постоянный капи-
тал=1.200.

...теченіе 1-го года потреб-
...ено постояннаго капитала:

$$243^6/_7 + 107^2/_7 + 50) = 400$$

или

$$(1.200 \times {}^1/_3) = 400$$

рабочей платы:

$$121^3/_7 + 58^4/_7 + 25) = 200.$$

...сли заработная плата=1,
то было занято **200** раб.
Весь обернувшійся капиталъ:

$$(400 + 400) = 800.$$

...ырьё на постоянный ка-
...питалъ втеченіе 2-го года:
...00 (возстановленіе п. к.,
...отребляемаго втеченіе 1-го
...ода) + 85⁵/₇ (п. к., вновь
...атраченный на производ-
ство)=485⁵/₇.
Весь постоянный капиталъ==

1.

$$242^6/_7 \text{ пк} + 121$$
$$=$$
производство п...
$$107^2/_7 \text{ пк} + 58^4$$
$$=$$
производство п...
$$50 \text{ пк} + 25$$
производство п...

2

$$260^{10}/_{60} \text{ пк} + 18$$
$$=$$
производство по...
$$114^{29}/_{60} \text{ пк} + 57$$
$$=$$
производство...

капитала, затѣмъ до $^7/_{10}$, $^7/_{13}$ и

и этомъ денежная заработная

чаго не падаетъ, а остается

рабочій будетъ получать, не-

куррепцію машины, столько

). Въ такомъ случаѣ процентъ

ый капиталъ также долженъ

№ 4.

рующей техникѣ производства.

дъ.

Въ концѣ 1-го года прои

ведено всего продукта

и + 133,3 пр.= (533,3 + 166,7 + 100)=8